छोटा निवेशक

AF093678

गौरव खुराना

Copyright © Gaurav Khurana
All Rights Reserved.

This book has been published with all efforts taken to make the material error-free after the consent of the author. However, the author and the publisher do not assume and hereby disclaim any liability to any party for any loss, damage, or disruption caused by errors or omissions, whether such errors or omissions result from negligence, accident, or any other cause.

While every effort has been made to avoid any mistake or omission, this publication is being sold on the condition and understanding that neither the author nor the publishers or printers would be liable in any manner to any person by reason of any mistake or omission in this publication or for any action taken or omitted to be taken or advice rendered or accepted on the basis of this work. For any defect in printing or binding the publishers will be liable only to replace the defective copy by another copy of this work then available.

क्रम-सूची

1. प्रतिस्थापन सिद्धांत — 1
2. प्रकृति की प्रवृति — 3
3. भागना नहीं जागना हैं — 4
4. बाजार दोस्त नहीं दुश्मन हैं — 6
5. बाजार नदी नहीं हवा हैं — 8
6. अप्पो दीपो भवः — 9
7. कारोबार मनोविज्ञान क्या है — 11
8. मन से धन — 15
9. रिटेल निवेशक या रिटेल ग्राहक — 18
10. सर्कुलर ट्रेडिंग या ऑपरेटर ट्रेडिंग — 19
11. इंसान मनोविज्ञान व बाजार मनोविज्ञान — 20
12. भविष्य में बढ़ने वाले शेयर की पहचान कैसे करे — 22
13. इंट्राडे ट्रेडिंग मनोविज्ञान — 27
14. पैसे कैसे कमाएं — 32
15. मांग का नियम — 38
16. स्टॉक चयन स्मार्ट निवेश — 42
17. आपूर्ति का नियम — 43
18. क्या शेयर बाजार सट्टा है — 45
19. व्यापार चक्र — 47
20. निवेश के नियम — 49
21. निवेश के कोट्स — 53

1

प्रतिस्थापन सिद्धांत

यात्रा की शुरुआत उस सिद्धांत के साथ कर रहे हैं जो सिद्धांत मानव के इस धरती पर आने के बाद सबसे पहले कुछ लोगों द्वारा प्रयोग में लाया गया, मानव ने जब जब बुद्धि की क्षमता बढ़ाई, उसने दूसरे जीव या दूसरे इंसान के साधनो को छीनना शुरू कर दिया, चाहे जानवरो को मारने से लेकर उन्हें पालतू बना कर रखने तक, इस सिद्धांत के साथ इंसान ने कई दशकों तक लोगो को गुलाम बनाया और अपना राज स्थापित किया, आज भी यही सिद्धांत पूरी तरह से शेयर बाजार पर लागू होता हैं, जो भी लोग अपनी बुद्धि और पैसे की क्षमता का विस्तार कर चुके हैं वह ही लोग छोटे निवेशकों का सारा पैसा ले जाते हैं, जिन्हे किसी समय पर हम छींनना कह सकते थे लेकिन अभी कामना कहेगे| इन सब बड़े लोगो में एक समानता होती हैं की इन्हे मांग और आपूर्ति(डिमांड एंड सप्लाई) के नियम में महारत हासिल होती हैं, इन्हे समझ होती हैं की कब हमे खरीदार बनना हैं और कब हमे बिकवाल, लेकिन छोटा निवेशक इस सिद्धांत के हमेशा उलट काम करता हैं और अपना सारा पैसा बड़े लोगो को और बड़ा करने में समर्पित कर देता हैं|

हमारे शेयर बाजार का इतिहास लगभग 150 साल पुराना हैं, जब से बाजार की स्थापना हुई हैं तब से लेकर आज तक हज़ारो से करोड़ो लोगो का सफर यह बाजार देख चुका हैं, बाजार का नियम तब भी यही था जो आज हैं की यह बाजार मांग और आपूर्ति(डिमांड एंड सप्लाई) के सिद्धांत पर ही चलता हैं, चाहे निवेश की अवधि छोटी हो या बड़ी, बाजार का नियम न कभी बदला हैं न कभी बदल सकता हैं, सिर्फ बदल जाते हैं निवेशक इस बाजार में| आखिर कहा और क्यों निवेशक इस बाजार से बाहर हो जाते हैं इसका सबसे बड़ा कारण हैं पूंजी का नुकसान, आर्थिक नुकसान उठाने के कारण ही लाखो करोड़ो निवेशक इस बाजार को अलविदा कह जाते हैं और

छोटा निवेशक

जो आज भी निवेशित हैं वह भी इतिहास बन जायेगे.

2

प्रकृति की प्रवृति

देखिये इस दुनिया में आज तक जो भी कुछ इंसान ने खोजा हैं वह प्रकृति को देखकर ही खोजा गया हैं जैसे की पंछी को उडते देख हवाईजहाज की कल्पना हो, आसमान में बिजली चमकने पर बिजली बनाने की कल्पना हो या फिर बड़े बड़े पहाड़ देखकर महल बनाने की बात हो| इंसान ने जिस भी वस्तु के साथ वक़्त गुजारा उसमे कुछ नया खोजा|आप बाजार में भी जितना अधिक समय बिताएंगे आपको कुछ न कुछ नया सिखने को मिलेगा| और यह नई खोज ही आपको सफल ट्रेडर बनाएगी| अर्जुन बचपन से ही अपने शस्त्रों से लगाव रखते थे अपने शस्त्रों के साथ की हुई मेहनत और दिन रात गुजरा हुआ वक़्त ने उन्हें एक महान योद्धा बना दिए था| शकुनि जिन्होंने पांडवो को चौसर में हर बार हराया उसकी प्रमुख वजह उनका पासो के साथ अभ्यास था, आप जिस वस्तु का अभ्यास जीवन में करेंगे उसमे निपुण हो ही जायेगे| कठोर परिश्रम करने के बाद एक इंसान देश का जवान बनता हैं, उतना ही परिश्रम करने के बाद एक इंसान जिहाद बनता हैं जो नफरत और आतंकवाद फैलाता हैं| आपकी मेहनत किस दिशा में जा रही हैं यह देखना बोहत जरूरी हैं|आजकल ट्रेडिंग सिखाने वालो की बाढ़ सी आ गयी हैं हर कोई टेक्निकल एनालिस्ट बनने को उतारू हुआ जा रहा हैं| मैं उन एनेलिस्ट की तुलना उस योद्धा से करना चाहुगा जिसके पास शस्त्र इतने ज्यादा और भारी हैं जिनके बोझ से ही वह मृत्यु को प्राप्त हो जाता हैं| आप निहथे मैदान में उतरेंगे या ज्यादा हथियारों के साथ दोनों सूरत हार का कारन बन सकती हैं| किसी भी युद्ध को जीतने के लिए शस्त्र के साथ साथ शास्त्र का ज्ञान होना भी जरूरी हैं|

3

भागना नहीं जागना हैं

कैसे पांडवो की कुछ सेना ने अपने से बड़ी सेना को हरा दिया जबकि भीष्म पितामह जैसे महान योद्धा कोरवो के साथ थे, इसका मूल कारण हैं रणनीति और एक अच्छा सलाहकार, पांडवो के सलाहकार स्वयं कृष्ण थे और कोरवो के शकुनि, लेकिन युद्ध से पहले पांडव कोरवो से हार भी चुके थे जब उन्होंने जुआ खेला था, इस बाजार में भी आप बिना रणनीति के उतरोगे तो हारे जाओगे और हार बोहत बड़ी भी हो सकती हैं, जो बाजार में दोबारा वापसी न होने दे, और हम बाजार से भाग जाते हैं , भागना कोई समाधान नहीं हैं, जागना समाधान हैं, बाजार में बाहरी ज्ञान आपको विचलित कर सकता हैं लेकिन भौतिक ज्ञान ही आपको संभाल कर रखेगा और दूसरे ट्रेडर्स से आपको अलग करेगा

बाजार की चाल और चलाकिआ

बाजार की चाल में ही बाजार की चलाकिआ छुपी होती हैं जरूरी नहीं बाजार अगर बढ़त की तरफ हे और सब सेंटीमेंट भी सकारात्मक हैं तो बाजार गिरेगा नहीं बाजार हर मोड़ पर आपको फ़साना चाहता हैं लेकिन आपकी समझ उसका फ़साना आपका कमाना बना सकता हैं। एक बात समझने की काफी जरूरत हैं की बाजार ने जब गिरना होगा तो वो खरीदने का मौका नहीं देगा और जब बढ़ना होगा तो खरीदने का मौका नहीं देगा साड़ी परिथितियाँ हमे पहले से भैणी पड़ेगी आप इस बात को इस तरह भी समझ सकते हैं की जब हमने ऊपर चढ़ना हो तो हम कम से कम बोझ को लेकर जाना चाहेंगे बाजार में भी कम इ कम लोग ही ट्रेंड के साथ चल पते हैं और अपनी मंजिल प् लेते हैं यानी कमाई कर पाते हैं किन्तु वे लोग गिनती में बहुत कम होते हैं उन कम लोगो में शुमार होने के लिए अध्भुत प्रयास करना पड़ता हैं जो एक योद्धा ही कर सकता हैं और ज्यादातर लोगो को न चाहते हुए भी

हार का सामना करना पड जाता हैं

    जब भी बाजार में किसी खबर का असर पड़ना होता हैं तो जरूरी नहीं खबर के अनुरूप ही चाल भी होगी यह सोचना भी बहुत बड़ी बेवकूफी हो सकती हैं हर मोके पर सतर्क रहकर ट्रेड की तरफ जाना हैं और हर समय चाल को भांपते रहना हैं क्योंकि कभी भी आपके साथ चलाकिआ हो सकती हैं

4

बाजार दोस्त नहीं दुश्मन हैं

बाजार को उसी नज़र से देखिये जिस नज़ार से आप अपने दुश्मन को देखते हैं जो कभी आपका फायदा नही सोचेगा लेकिन आप कैसे अपने दुश्मन पर विजय पा सकते हैं और वह तरीका हैं आपका उससे ज्यादा शक्तिशाली होना आपका अपने शस्त्रों और शास्त्रों पर इतनी मजबूत पकड़ रखनी पड़ेगी की आप हरा सके यहाँ शस्त्रों से मतलब उन टूल्स से हैं जो आप ट्रेडिंग के लिए प्रयोग करते हैं और शास्त्रों का मतलब उस ज्ञान से हैं जो समय समय पर आप अपने अनुभवों से प्राप्त करते हैं काफी बार बाजार आपको इस भ्रम में भी डालेगा की वह आपका अच्छा मित्र हैं और आपकी लगातार काफी ट्रेड मुनाफे में जाएगी लेकिन आप इसे भली भाती समझ लीजिये यह वह मित्र बनेगा जो समय का इंतज़ार कर के आपको ऐसी चोट मरेगा जिसे आप जीवन भर याद रखेंगे, दुश्मन को

दुश्मन ही रहने दीजिये और उसे हराने के तरिके ढूंढ़ते रहिये यह आपकी और आपके पैसो की सेहत के लिए फायदेमंद हैं लोगो से सुनने को मिलता हैं ट्रेंड इस योर फ्रेंड लेकिन इसकी सचाई काफी अलग हैं काफी बार फेक ट्रेंड मूवमेंट आपको ट्रैप कर देती हैं

भावकीभावना

जब भी आप ट्रेडिंग को अपने जीवन में उतारकर इसपर निर्भर होना चाहते हैं तो कम से काम स्क्रिप्ट में ट्रेड करने की महारत हासिल करे, क्योंकि जितनी कम से कम स्क्रिप्ट में आप काम करेंगे उतनी आसानी से उनकी भावना समझ सकेंगे, कैसे इनकी प्रतिकिर्या हैं और कैसी इनकी चाल हैं, हमारे जीवन में भी जिसे

हम ज्यादा वक़्त देते हैं या जितने कम से कम लोगो के साथ हमारा समभंद होगा उतना हमे उन लोगो के बारे में पता होगा, ऐसा ही शेयर बाजार में होता हैं, किसी भी शेयर की भावना को समझने से बड़ा कोई टूल नहीं हैं इस बाजार में , और ये भावना पड़ना वक़्त देने से आती हैं

5

बाजार नदी नहीं हवा हैं

नदी का काम होता हैं पानी का एक ही दिशा में बहाते ले जाना जबकि हवा किसी भी दिशा से चलने के लिए जानी जाती हैं इसी प्रकार बाजार नदी की भाति एक ही तरफ नहीं बेहता नहीं रहेगा यह हवा की तरह चलता हैं, कभी कम कभी तेज तो कभी ज्यादा तेज अपने उस हवा को हमेशा भांपते रेहना हैं चाहे वह किसी दिशा से आये आपने उसके साथ चलकर हमेशा हल्का महसूस करवाना हैं , हवा के साथ चलेंगे तो थकेगे नहीं, हवा का रुख हो या बाजार की चाल ये हमेशा अपना इतिहास दोहराते हैं क्योंकि इनके चलने के नियम बने हुए हैं और ये उन नियमो से हटकर नहीं चल सकते, बाजार में आपको कई बार ऐसा देखने को मिलेगा की सब तरफ नकारात्मक खबरों का प्रचलन हैं लेकिन बाजार इन सब खबरों के विपरीत चलना शुरू कर देता हैं यह सब एक बार नहीं बहुत बार होगा ज़ार आज की परस्थितिओ पर न चल कर कल की सोच के साथ काम करता हैं देखिये जब हवा चलती है तो गंदगी भी उड़ती हैं और रास्ते साफ़ भी होते है आपने गंदगी में शामिल न होकर साफ़ रास्ते को चुनना हैं

6

अप्पो दीपो भवः

ज्ञान अर्जित करो और आगे बढ़कर स्वयं इसका अनुभव कीजिये कोई आपका ट्रेडिंग गुरु नहीं हैं कोई गुरु तुम्हारी बैसाखी नहीं बनने वाला अगर कोई बनता भी हैं तो वह तुम्हे जीवन भर के लिए लंगड़ा कर देगा अगर बैसाखी के भरोसे चल भी पड़ोगे तो अपने पाँव कब खोजोगे अपनी ऊर्जा का अनुभव कब करोगे, ट्रेडिंग एक ऐसी शैली हैं जो आपकी जीवन शेल्ली से भिन्न नहीं हैं आपके जीवन जीने या व्यापर करने के तरीके ही आप ट्रेडिंग में प्रयोग करेंगे, समझने वाली बात यह हैं की हमे अपनी जीवन शेल्ली में बदलाव लाने की जरूरत हैं या नहीं अगर है तो आप ही इसे बदल सकते हैं कोई गुरु कभी नहीं बदल सकता। गुरु का ज्ञान और आपका अनुभव ही आपको ट्रेडिंग की उंचाइओ पर ले जा सकता हैं केवल मात्र आँखों पर पट्टी बाँध लेने से बोध नहीं होगा यहाँ एक बात समझने वाली ये हैं की हमे ट्रेडिंग में गुरु की आवश्यकता जरूर हैं लेकिन एक निश्चित समय के लिए , हमे अपनी लड़ाई खुद से लड़नी पड़ेगी और अपने पसंदीदा हथियारों के साथ , अर्जुन के सामने बहुत सारे शस्त्र रखे गए थे सिखने के लिए लेकिन उन्होंने धनुष को चुना तो भीष्म पितामह ने पूछा की अर्जुन धनुष ही क्यों तो अर्जुन बोले यह मेरे दिल को भाता हैं आप भी अपना ट्रेडिंग का तरीका स्वयं चुनने और उसमे इतना निपुण हो जाये की कोई कमी न रह जाये , अर्जुन के आलावा बाकी योद्धाओ ने अलग अलग शस्त्र चुने और इनमे निपुणता हासिल की , शस्त्र चाहे कोई भी हो पर अपने ऊपर होने वाले प्रहार का बचाव बहुत जरूरी हैं जिसके लिए सुरक्षा कवच यानी ढाल की जरूरत होती हैं और इस बाजार की ढाल हैं स्टॉप लोस्स आप अपने नुक्सान को कितना दूर तक देखते हैं सारा खेल इसपर ही टिका हैं इसलिए अपना सुरक्षा कवच अपनी हर ट्रेड के साथ रखे , प्रहार से ज्यादा बचाव काम आता हैं अगर आपने

बचना सीख लिया तो आपने जीतना सीख लिया

7
कारोबार मनोविज्ञान क्या है

एक सफल कारोबारी का मंत्र है 'अपने घाटे को कम करें और अपने लाभ का जश्न मनाएँ'। आसान लगता है, है ना? लेकिन जैसा कि कोई भी कारोबारी आपको बताएगा, व्यवसाय या कैरियर की पसंद के रूप में कारोबार करना कितना हावी होने वाला होता है। चाहे आप अधिक पैसा बनाना चाहते हैं या क्योंकि यह आपका जुनून है, आप अपने वित्तीय लेनदेन से भावनाओं को अलग करने में असमर्थ हो सकते हैं। यह पूरी तरह से सामान्य है। लेकिन एक सफल कारोबारी यह भी जानता है कि भावनाओं को आपके निवेश निर्णयों को प्रभावित करने देना कोई अच्छा विचार नहीं है। यह कारोबार मनोविज्ञान कहा जाता है

सरल शब्दों में, कारोबार मनोविज्ञान या निवेशक मनोविज्ञान कारोबारी की भावनात्मक और मानसिक स्थिति को संदर्भित करता है जो उसके कारोबार कार्यों की सफलता या विफलता को निर्देशित करती है। एक सफल मानसिकता को समझना और विकसित करना कारोबार की सफलता का निर्धारण करने में ज्ञान, अनुभव या कौशल की ही तरह महत्वपूर्ण है

वित्तीय बाजार में किसी भी कारोबारी का संपर्क बहुत सारी जानकारियों होता है जो उनके निर्णय लेने की क्षमताओं को प्रभावित कर सकता है। निवेशक मनोविज्ञान में भूमिका निभाने वाली सबसे प्रमुख भावनाएं डर, लालच, अफसोस और आशा हैं।

कारोबार मनोविज्ञान को समझने और एक सफल कारोबारी बनने के लिए, भावनाओं को नियंत्रित करना महत्वपूर्ण है। एक कारोबारी के तौर पर डर, लालच,

अफसोस और आशा से निपटने के लिए यहां पर कुछ समर्थक सुझाव दिए गए हैं।

1. डर को समझें — डर किसी ऐसी चीज के लिए एक प्राकृतिक प्रतिक्रिया है जिसे हम खतरे के रूप में देखते हैं। कारोबार व्यवसाय में, जोखिम कई रूपों में हो सकता है – शेयरों या बाजार के बारे में बुरी खबर प्राप्त होना, एक कारोबार स्थापित करना और यह महसूस करना कि यह उस तरह से नहीं जा रहा है जिस तरह से आप आशा रखते थे, नुकसान का डर। कारोबार मनोविज्ञान से पता चलता है कि डर उचित है; हालांकि, जिस तरह से कारोबारी उस पर प्रतिक्रिया करता है वही उनकी सफलता का निर्धारण करेगा। समझें कि आप क्या किससे डरते हैं और क्यों; समय से पहले इन मुद्दों पर प्रतिबिंबित करें ताकि आप कारोबार सत्रों के दौरान उन भावनाओं को जल्दी से पहचान सकें और निपट सकें। आपका ध्यान आगे बढ़ने और कारोबार करने पर होना चाहिए। डर को समझने और काबू पाने से सफल पोर्टफोलियो बनाता है।

2. लालच पर काबू पाएं — कोई भी एक दिन में अमीर नहीं हो जाता है। यदि आप अपने आप को एक दिन मुनाफा बनाते हुए पाते हैं, तो अपने कारोबार की सफलता को स्वीकार करें और आगे बढ़ें। विजेता स्थितियों पर बहुत लंबे समय तक लटके रहना तथा आखिरी टिक तक पाने की कोशिश करना बर्बादी का तरीका है। लालच किसी कारोबारी को लाभदायक कारोबार में व्यक्ति को परामर्श से अधिक लंबे समय तक टिके रहने के लिए आकर्षित करता है। ट्रेडिंग मनोविज्ञान दिखाता है कि इस भावना के सामने हार जाने वाले कारोबारियों ने तर्कसंगत रूप से कार्य नहीं किया है। खुद को इस पर काबू करना सिखाएं। नियम तय करें, अपने लक्ष्यों को परिभाषित करें, गेम प्लान के साथ आएं और फिर उस पर डटे रहें; तथ्यों के आधार पर निर्णय लें

3. अफसोस को जाने दें – कभी कभी एक कारोबारी को एक ऐसा सट्टा लगाने पर पछतावा होता है,जिसने काम नहीं किया, दूसरी बार उसके लिए होता है जो काम कर गया। अफसोस एक खतरनाक भावना हो सकती है क्योंकि यह बाद में कारोबारियों के लिए ऐसे निर्णय लेने का कारण बन सकता है, जिन पर पूरी तरह से नहीं सोचा जाता है, कभी–कभी इससे भी अधिक महत्वपूर्ण नुकसान हो सकते हैं। स्वीकार करें कि कोई भी बाजार में सभी अवसरों को नहीं लपक सकता है। आप कुछ में जीतते हैं; तो कुछ में हारते हैं। कारोबार मनोविज्ञान के नियम को स्वीकार करें जिसमें कहा गया है कि कारोबारी के दिमाग में अफसोस के लिए कोई जगह नहीं हो सकती है। एक बार जब आप इस मानसिकता को स्वीकार करते हैं, तो आपका ट्रेडिंग परिप्रेक्ष्य बदल जाएगा।

4.आशाखोर्दे – हाँ, यह सही है। यह एक ऐसा कारोबार है जहां आपको अपने अंतर्ज्ञान का उपयोग करने की आवश्यकता है। कभी–कभी जब कारोबारियों को नुकसान होता है, तो वे उम्मीद करते हैं कि बाजार की स्थिति बदल जाएगी और उनका कारोबार लाभदायक हो जाएगा। इस उद्योग में सफल होने के लिए, एक कारोबारी के पास एक रणनीति और यह एहसास होना चाहिए कि इच्छापूर्ण सोच सबसे अच्छा विकल्प नहीं है। यदि आप चीजों को बदलने की उम्मीद करते रहते हैं, तो आप अपने पूरे निवेश को जोखिम में डाल रहे हैं।

सफलकारोबारियोंकेमनोवैज्ञानिकलक्षण

कारोबार मनोविज्ञान को समझना कारोबारी बनने की दिशा में पहला कदम है। एक सफल कारोबारी बनने के लिए, आपको स्वयं में निम्नलिखित गुण उत्पन्न करने चाहिए।

– हमेशा एक स्पष्ट दिमाग रखना।

– अनुकूलनीय रहें और जानें कि आपकी स्थिति कब बदलनी है

– अनुशासित रहें ताकि चाहे जो भी हो आप कारोबार जारी रख सकें

– अपने नुकसानों से सीखें

– हमेशा सीखने के लिए तैयार रहें

– भीड़ का अनुसरण करने के बजाय, वह करें जो आपको सही लगता है

– कारोबार गेम प्लान रखें और इसका का पालन करें

– कारोबार केवल वही है जिसे खोना आप सहन कर सकते हैं

– लक्ष्य सेट करें

– अपनी सीमाओं को जानें और कभी भी इनसे बाहर कारोबार न करें

निष्कर्ष:

हालांकि यह आवश्यक है कि एक कारोबारी के रूप में आपको चार्ट पढ़ने, स्टॉक का मूल्यांकन करने और वित्तीय रिपोर्ट को समझने में सक्षम होना चाहिए, यह भी महत्वपूर्ण है कि आप उन भावनाओं को नियंत्रित करने में सक्षम हों जो आपके कारोबार को प्रभावित कर सकते हैं। और भले ही यह गारंटी देने का कोई तरीका नहीं है कि हर सौदा लाभ लाएगा, यदि आप शेयर बाजार मनोविज्ञान के नियमों को समझते हैं और स्वीकार करते हैं और उन्हें अपने व्यापारिक व्यवहार में लागू करते हैं तो आप एक सफल निवेशक बन सकते हैं। अधिकांश कारोबारी ऊपर सूचीबद्ध सभी लक्षणों के साथ पैदा नहीं होते हैं, लेकिन वे उन सभी को स्वयं में उत्पन्न करने पर लगन से काम करते हैं।

इसलिए, यदि आप भी एक सफल कारोबारी बनना चाहते हैं, तो व्यक्तिगत सूची लेकर शुरू करें कि आपके पास कौन से गुण हैं और किन पर आपको काम करने की आवश्यकता है। अपनी ताकत और कमजोरी की खोज करें ।कई मापदंडों पर अपना मूल्यांकन करें- आप धैर्यवान हैं? क्या आप आगे की सोचते हैं? क्या आप अनुकूलनीय हैं? क्या आपके पास इस कैरियर के लिए आवश्यक मानसिक कठोरता है? क्या आपके पास चीजों को देखने के लिए आवश्यक अनुशासन है?

अपने आप से ये प्रश्न पूछें और उत्तरों के आधार पर, एक योजना तैयार करें और अपने कारोबार मनोविज्ञान पर काम करें क्योंकि केवल यही आपको अपने गेम को बेहतर बनाने में मदद करेगा और अपने करियर को समग्र लाभ देगा।

8
मन से धन

आप को अवचेतन मन के कुछ महत्वपूर्ण रहस्यों के बारे में बताने जा रहा हूँ। आगे बढ़ने से पहले बस इतना जान लीजिए कि इस विश्व के सफलतम लोगों की इन अवचेतन मन के रहस्यों और शक्तियों पर पूरी पकड़ होती है।

डा[० ए ० पी० जे० कलाम ने अपनी एक किताब में अपने बचपन की एक घटना का उल्लेख किया है। जो कुछ इस प्रकार है।

बचपन में कलाम और उनके एक चचेरे भाई समुद्र किनारे एक बड़े से पेड़ पर चढ़ गये। उस समय उन दोनों के पिता भी वहीं टहल रहे थे। कुछ देर बाद अचानक तेज हवा बहने लगी और उसकी तीव्रता वक़्त के साथ बढ़ने लगी। इस से पहले कि कलाम और उनके चचेरे भाई कुछ कर पाते, हवा से पूरा पेड़ और और उसकी टहनियां जोर जोर से हिलने लगी। अब तो पेड़ झुकने और मुड़ने भी लगा था। हालांकि वो दोनों पेड़ की अलग अलग शाखा पर लटके थे।

ये सब देख उन दोनों के पिता वहां आ गए। पेड़ के टहनी के बहुत ज्यादा मुड़ने पर चचरे भाई के पिताजी चचेरे भाई पर चिल्ला उठे "ध्यान दो बेटा वरना तुम गिर जाओगे"।

इसी प्रकार कलाम के पिताजी भी कलाम पर चिल्ला उठे और बोले "कलाम बेटा टहनी को कस के पकड़ो और इस से चिपक जाओ'

कुछ सेकंड के बाद कलाम के भाई जमीन पर गिर गए मगर कलाम हवा के रुकने तक नही गिरे और सही सलामत घर चले गए।

दोस्तों, आप सोच रहें होंगे कि ये कहानी से क्या सीखने को मिला। तो अब जरा पीछे जाइये और एक बार फिर ध्यान से देखिए कि उन दोनों दोनों के पिता ने अपने अपने बच्चों को आवाज देकर क्या कहा था? क्या कोई खास अंतर नजर आया?

नही ?? कोई बात नही आगे पढ़िए।

दोस्तों मन की अपनी एक भाषा होती है। जिस तरह से हमारी अपनी भाषाएं हैं उसी प्रकार मन की भी अपनी एक भाषा होती है। हम जिंदगी में वही सब कुछ कर पाते हैं या बन पाते हैं जो हमारा मन सच्चाई के तौर पर अपना पता है। अगर आप इस भाषा को सीख जाएंगे तो जिंदगी आप की मुठी में होगी। और ये भाषाएं और इनकी समझ ही मन के असली रहस्य है।

चलिये कुछ रहस्य से पर्दा उठाते हैं।

1)मनुष्य का अवचेतन मन सिर्फ और सिर्फ उन चीजों को सोच पाता है जिनका वो चित्रण भी कर पाए।

2) अवचेतन मन को "न" शब्द समझ में नही आता। क्योंकि इसका कोई चित्र या रूप नही होता।

3) अवचेतन मन के लिए वो सब सच होता है जो भी ये सोच पाता है और एक बार कुछ सोच लिया तो उसे किसी भी हालत में पूरा कर के रहता है चाहे फिर फिर आपके चेतन मन की मर्जी हो या फिर नही।

4) अवचेतन मन का हमारी जिंदगी पर 95% राज होता है जबकि चेतन मन का मात्र 5%, और ये आंकड़ा उतना ही हैं जितना बाजार में कमाने और न कमाने वाले लोगो का आंकड़ा हैं

इसे समझने की कोशिश करते हैं। नीचे लिखे वाक़्या पढ़ने के बाद आप अपनी आंखें 30-40 सेकंड के लिए बंद करिए और इस वाक्य का अपने मन में चित्रण करिए.

"किसी गुलाबी भैंस के बारे में मत सोचिये। और अब ये तो बिल्कुल भी मत सोचिये की वो गुलाबी भैंस हवा में उड़ रही है और आप उसकी पीठ पर बैठे के आस पास के नज़ारे देख रहें हैं "

क्या कुछ हुआ?? कहीं गुलाबी भैंस तो नही दिख रही थी?? और उड़ भी रही थी? अब ये मत कहियेगा की आप तो तो उसकी पीठ पर बैठ नज़ारे भी देख रहे थे।

हालांकि ऊपर लिखी कोई भी बात हकीकत नही है, चूंकि इसका चित्रण हो सकता है इसलिए मन ने कर दिया। मन 'न" शव्द का चित्रण नही कर पाया इसलिए अपने आपको उड़ती हुई भैस को देखने से नही रोक पाया। ये ऐसा क्यों हुआ? आपका चेतन मन जानता है कि ये सच नही है और कह भी रहा था कि मैं उडती हुई गुलाबी भैस के ऊपर नहीं बैठूँगा मगर फिर भी अवचेतन मन में ये बेहूदा चित्रण पनप ही गया। ये इसलिए कि अवचेतन मन चेतन मन से ज्यादा ताकतवर होता है और इसे सही गलत या सच झूठ नही मालूम नही होता। ये तो बस दिए

काम को करना जनता है। और जब कोई काम इसने हाथ मे ले लिया फिर तो इसे कर के ही रहता है। अगर आप ये सब चित्रण होने से रोकना चाहते हैं तो इसका सिर्फ और सिर्फ एक ही तरीका है, बस ऐसा कुछ सोचो ही मत।

यही सब कुछ कलाम के भाई के साथ भी हुआ। जब कलाम के चाचा जी ने कहा "बेटा ध्यान दो वरना गिर जाओगे" इस पूरे वाकय में सिर्फ गिरने का ही चित्रण किया जा सकता था सो उनके मन ने कर भी दिया औए हकीकत में बदल भी दिया।

जबकि कलाम के पिताजी ने उनसे डाल को "कस के पकड़ने" के लिए कहा था सो कलाम के अवचेतन मन ने बिल्कुल वैसा ही किया, कस के पकड़ा और गिरने से बच गए। और कुछ ऐसा ही कुछ आपके मन के साथ भी हुआ और आप अपने आप को गुलाबी भैंस उड़ाने से नही रोक पाए और यहां तक उसकी पीठ पर बैठ कर उड़ने के आनद भी ले रहे थे।

दोस्तों यही बात आप के पुरे जीवन और उसमे होने वाली घटनाओं पर भी लागु होती है। कुछ लोगों का पूरा जीवन इस पहेली को सुलझाने में लग जाता है कि जो भी कुछ वो चाहते हैं उनके साथ बिलकुल उसका उल्ट क्यूँ हो जाता है? और अपनी पुरे जीवन बस यही सोचते रहते हैं कि भगवान् सिर्फ उनकी बात क्यूँ नही सुनता है. कुछ लोग सोचते हैं कि पिछले जन्म के किये पाप का ही फल है जो उनके साथ ये सब हो रहा है। अन्य कुछ सोचते हैं कि उनके ग्रह कुछ ठीक नही है। कुछ तो ये तक सोचने लग जाते हैं कि भगवान् ने ही उन की किस्मत ऐसी लिखी है.

दोस्तों बस यही जीने के राज है। हर रोज सिर्फ उन्हीं बातों को सोचिये जो आप पाना चाहते हैं या करना चाहते हैं। वो चीजे या बातें बिल्कुल मत सोचिये जो आप करना नही चाहते या पाना नही चाहते क्यों कि आपके मन को "न" शव्द समझ नही आता है। इसका मतलब ये हुआ कि सिर्फ और सिर्फ अच्छा सोचें। अगर आप बुरे को बुरा सोच कर भी सोच रहे हैं और चाह रहे हैं कि आप के साथ न हो तो भी ये होकर रहेगा। और ये सब आपके मन (अवचेतन मन) की वजह से होता है। अगर आप चाहते हैं मैं स्वस्थ रहूं तो अपने आपको सिर्फ स्वस्थ परिकल्पित कीजिए ये नही कि मुझे हार्ट अटैक न आ जाये या मैं बीमार न हो जाऊं इत्यादि। अगर आप खुश रहना चाहते हैं तो सिर्फ खुशी के बारे में सोचिये, और अगर शेयर बाजार से पैसा कामना चाहते हैं तो मन में यह न आने दे की कहि नुक्सान न हो जाये बस जो भी सोचना चाहते हैं उसे बिना "न"नही के सोचिये।

9

रिटेल निवेशक या रिटेल ग्राहक

मैन्युफैक्चरर-डिस्टीब्यूटर-रिटेलर-कंस्यूमर

अगर आप किसी भी व्यापर के साइकिल को समझते हैं तो वह किस तरह से काम करता हैं वह ऊपर दिखाया गया हैं, शेयर बाजार में भी व्यापर इसी तरह से चलता आया हैं, मनुफैक्चरेर वह लोग जिसे आप प्रमोटर या बड़े निवेशक कह सकते हैं, जो अपना शेयर डिस्ट्रीब्यूटर यानी की फॉरेन इन्वेस्टर्स को देते हैं और वह सही समय आने अपर रिटेलर को बेच देते हैं, जो की ग्राहक के पास पहुंच जाता हैं, अगर आप सबने अपने आप को रिटेल निवेशकों की श्रेणी में रखा हुआ हैं तो मैं आपको बता देना चाहता हु की आप ग्राहक हैं जिनके पास माल हमेशा के लिए चला जाता हैं और जाने के बाद ओने-पौने भाव का रह जाता हैं, हम कैसे एक निवेशक से ग्राहक बन जाते हैं कि हमे पता ही नहीं चलता क्योंकि हमे कहानियो में फसाया जाता हैं और ग्राहक बनाया जाता हैं| सबसे महंगा मूल्य को चुकाना पड़ता हैं|

10
सर्कुलर ट्रेडिंग या ऑपरेटर ट्रेडिंग

सर्कुलर ट्रेडिंग में प्रोमोटर और ऑपरेटर की मिली-भगत होती है। प्रोमोटर और ऑपरेटर मिलकर शेयर की कीमतों को चढ़ाते हैं।सबसे पहले प्रोमोटर और ऑपरेटर सर्कुलर ट्रेडिंग का उद्देश्य तय करते हैं। सर्कुलर ट्रेडिंग इंस्टीट्यूशनल निवेशकों या फिर रिटेल निवेशकों को शेयर बेचने के लक्ष्य के साथ की जाती है।कंपनी ऑपरेटर को मार्केट प्राइस से कम कीमत पर शेयर ट्रांसफर करती है। ऑपरेटर को शेयर प्रेफरेंशियल अलॉटमेंट या ऑफ-मार्केट सौदे के जरिए दिए जाते हैं। साथ ही, इस सौदे में कुछ नकदी भी शामिल होती है, जिसके जरिए ऑपरेटर बाजार से और शेयर खरीदता है।ऑपरेटर द्वारा उस कंपनी के बड़ी संख्या में शेयर खरीदे जाने से बाजार में शेयर के दाम तेजी से बढ़ते हैं। पहले से ही कम कीमत पर शेयर होने से ऑपरेटर के लिए शेयरों का औसत भाव काफी कम होता है।पहले से तय कीमत तक शेयर के चढ़ने के बाद क्यूआईपी या एफसीसीबी के जरिए इंस्टीट्यूशनल निवेशकों को ऊंचे दाम में प्रोमोटर अपनी पूरी हिस्सेदारी बेच देते हैं। ऑपरेटर भी शेयरों को बढ़ी हुई कीमत में बेचकर मुनाफा कमा लेता है। या फिर सर्कुलर ट्रेडिंग के जरिए प्रोमोटर और ऑपरेटर रिटेल निवेशकों को ठगते हैं। शेयर की कीमत काफी बढ़ जाने के बाद प्रोमोटर और ऑपरेटर बाजार में अपनी हिस्सेदारी बेच देते हैं। बाद में शेयर के दाम गिरने पर प्रोमोटर्स फिर से कम कीमत पर शेयर खरीद लेते हैं। सौदे से होने वाले मुनाफे का बंटवारा पहले से ही तय किया जाता है।

11

इंसान मनोविज्ञान व बाजार मनोविज्ञान

मनुष्य इस संसार का सबसे ज्ञानी और बुद्धिमान प्राणी है, फिर भी मनुष्य ही संसार में सबसे अधिक चिंतित और परेशान प्राणी है|,

मान लीजिए कि आप एक जानवर है और जंगल में रहते है| आपका जीवन कुछ इस तरह होगा –अगर आपको को प्यास लगती है तो आप तालाब पर जाएंगे और पानी पी लेंगे|

अगर तेज धूप है, तो आप पेड़ के नीचे जाकर बैठ जाएंगे|

अगर कोई शिकारी जानवर आप पर हमला करता है, तो आप वहां से भागकर अपनी जान बचा लेंगे|

जानवर के जीवन में उसके द्वारा की गई हर एक गतिविधि का उसको उसी समय प्रतिफल प्राप्त होता है| उदाहरण के लिए अगर वह भूखा है तो तुरंत अपने लिए खाना ढूंढ लेगा और अगर वह खतरे में है तो तुरंत वहां से भागकर अपनी जान बचा लेगा| कहने का मतलब यह कि जानवर का जीवन "वर्तमान काल" में चलता है|

अब आप अपने कल्पना के घोड़े को लगाम दीजिए और अपने मनुष्य जन्म में आ जाइए| अब अपने मनुष्य जीवन पर विचार कीजिए:

आप आज नौकरी या व्यापार कर रहे है, तो आपको इसका प्रतिफल महीने के अंत में या कुछ समय बाद मिलेगा| आप आज पढ़ाई कर रहे क्योंकि इससे आपका भविष्य अच्छा होगा|

आज आप पैसे बचा रहें क्योंकि इससे आपका भविष्य सुरक्षित होगा|

मनुष्य के जीवन में उसके ज्यादातर कार्यों का प्रतिफल उसको भविष्य में प्राप्त होता है इसलिए मनुष्य का ज्यादातर समय "भविष्यकाल" के लिए लगता है

लेकिन ट्रेडिंग करते हुए इंसान का दिमाग तुरंत प्रतिफल चाहता हैं जबकि उसका मनोविज्ञान उस तरह से प्रशिक्षित हैं ही नहीं और यही उसके नुक़सान का कारन बन जाता हैं, हमे बाजार में भी धीरज बनाये रखना पड़ेगा जैसे हम दूसरे हर काम में करते हैं लेकिन हमारी हर योजना का हमे हर समय ध्यान में रखना अति आवशयक हैं

12
भविष्य में बढ़ने वाले शेयर की पहचान कैसे करे

भविष्य में बढ़ने वाले शेयर की पहचान करके उसमे निवेश करने वाले निवेशक ही शेयर बाजार से लाखों-करोड़ों रुपए कमा रहे हैं।

वहीं बाकी निवेशक ऐसे हैं जो शेयर बाजार में निवेश तो करते हैं लेकिन ज्यादातर मामलों में उनका नुकसान ही होता है यदि कभी प्रॉफिट होता भी है तो बस नाममात्र का ही होता है।

इसका कारण यही है कि अधिकांश लोग भविष्य में बढ़ने वाले शेयरों की पहचान ही नही कर पाते हैं। इस लेख में नए निवेशकों को भविष्य में बढ़ने वाले शेयरों की पहचान करने का बहुत ही आसान तरीका बताया जा रहा है जिससे उनको भी शेयर बाजार में निवेश करने पर लाभ प्राप्त हो सके इसलिए लेख के साथ अंत तक बने रहें।

शेयर बाजार से पैसे कैसे कमाते हैं

वैसे तो शेयर मार्केट में अपने पैसे निवेश करके ही पैसे कमाए जाते हैं, मतलब किसी कंपनी का शेयर खरीद कर अपने पास रख लेते हैं और जब उसका भाव बढ़ता है तो उसे बेचकर प्रॉफिट बना लेते हैं।

लेकिन यह सब इतना आसान नहीं होता है क्योंकि जरूरी नही कि आप जिस कंपनी का शेयर खरीद रहे हैं भविष्य में उस शेयर का भाव बढ़ ही जाए। ऐसा भी

हो सकता है कि जो शेयर आज आप खरीद रहे हैं आने वाले समय मे उस शेयर का भाव काफी कम हो जाए तो ऐसे में आपका नुकसान होने की ही पूरी संभावना होती है।

निष्कर्ष ये है कि शेयर बाजार में पैसे तो शेयर की खरीद – बिक्री करके ही कमाए जाते हैं। लेकिन पहले उन शेयरों के बारे में जानकारी प्राप्त होना बहुत जरुरी है जिनको खरीदने से भविष्य मे उसके भाव बढ़ने की संभावना भी ज्यादा हो।

यदि कोई निवेशक भविष्य में बढ़ने वाले शेयरों की पहचान कर लेता है तो वह बहुत जल्दी ही शेयर बाजार से मालामाल भी हो सकता है।

इसका अर्थ ये हुआ कि शेयर मार्केट से पैसे कमाने के लिए भविष्य मे बढ़ने वाले शेयरों की पहचान करके उनमें ही निवेश करना होता है।

अब सवाल ये आता है कि भविष्य मे बढ़ने वाले शेयरों की पहचान कैसे की जाए ? तो इसके बारे में जानने के लिए लेख के साथ आगे भी बने रहें।

निवेश के लिए सही स्टॉक का चयन करने के लिए बहुत से तरीके प्रचलित हैं जैसे –

1 – इंडिकेटर आजकल बहुत से इंडिकेटर बाजार में उपलब्ध हैं जिनका कई तरीकों से प्रयोग करके बहुत से लोग भविष्य मे बढ़ने वाले शेयर का पता लगाने की कोशिश करते हैं।

2 – फंडामेंटल एनालिसिस भविष्य में बढ़ने वाले शेयर का पता लगाने का यह एक बहुत प्रचलित तरीका है जिसमे किसी कंपनी की बैलेंसशीट और अन्य प्रपत्रों को देखकर उस कंपनी के अतीत और वर्तमान की जानकारी प्राप्त की जाती है और इसी जानकारी के आधार पर यह अनुमान लगाया जाता है कि वह कंपनी भविष्य मे कैसा प्रदर्शन कर सकती है।

3 – टेक्निकल एनालिसिस तकनीकी विश्लेषण भी एक काफी प्रचलित तरीका है जिसके द्वारा चार्ट पर विभिन्न प्रकार की तकनीकों का प्रयोग करके यह गढ़ना की जाती है कि किसी शेयर के आज के भाव मे आने वाले कुछ महीनों या कुछ वर्षों बाद क्या परिवर्तन हो सकता है।

इन तरीकों के अलावा भी बहुत से अन्य तरीके और तकनीके हैं जिनके माध्यम से किसी शेयर के भाव मे भविष्य में होने वाले परिवर्तनों का अनुमान लगाया जाता है।

वैसे उपरोक्त सभी तरीको का प्रयोग करके जो अनुमान निकाले जाते हैं वो कभी-कभी सत्य भी होते हैं और कभी-कभी गलत भी साबित हो जाते हैं। क्योंकि

किसी शेयर के भाव बढ़ने या घटने के पीछे बहुत से ऐसे कारण और परिस्थितियां भी होती हैं जो कि अचानक से ही उत्पन्न हो जाती हैं जिनकी कोई भी जानकारी पहले से किसी को भी नही होती है।

तो कुल मिलाकर यह कहा जा सकता है कि उपरोक्त प्रकार से निकाले गए अनुमान हमेशा न सच साबित होते हैं और न ही हमेशा गलत ही साबित होते हैं।

लेकिन उपरोक्त विधियों से अनुमान निकालना प्रोफेशनल और अनुभवी ट्रेडर्ड के ही बस की बात होती है एक साधारण और आम निवेशक इन विधियों को तो समझ ही नही पाता है।

जो साधारण और आम निवेशक शेयर बाजार में अपनी पूंजी लगाकर कुछ लाभ बनाना चाहते हैं तो वो आगे बताई जा रही बातों को ध्यान में रखकर किसी शेयर मे निवेश करेंगे तो उन्हें लाभ प्राप्त होने की पूरी संभावना है।

भविष्य में बढ़ने वाले शेयर की पहचान करने का आसान तरीका

भविष्य में बढ़ने वाले शेयर की पहचान करने के लिए न तो जटिल एनालिसिस करने की जरूरत है और न ही पैसे खर्च करके किसी से टिप्स लेने या किसी का कोर्स लेने की जरूरत है।

उल्टे जितना ज्यादा टिप्स और कोर्स के चक्कर मे पड़ेंगे उतना ही आप अपने काम को कठिन बना लेंगे जबकि सफलता अपने काम को सरल बनाकर करने से ही प्राप्त होती है।

भविष्य में बढ़ने वाले शेयरों की पहचान करने का सबसे आसान तरीका ये है कि आप अपने आसपास नजर दौड़ाइये ध्यान दीजिए कि आप और आपके जानने वाले लोग किन कंपनियों का सामान प्रयोग करते हैं। फिर उन कंपनियों के बारे मे समाचार पत्रों, टीवी चैनलों या गूगल में जाकर जानकारी एकत्र कीजिये यदि इस काम मे आप कुछ दिन मेहनत कर लेंगे तो आपको पता चल जाएगा कि वह कंपनी कैसी है तथा उसका भविष्य कैसा होगा।

यदि यह काम भी मुश्किल लग रहा हो तो आप अपने घर मे ही एक नजर डालिये कि आप वाशिंग मशीन, टेलीविजन, एसी या अन्य घरेलू प्रयोग की चीजें किस कंपनी का प्रयोग करते हैं और आपका कोई मित्र या रिश्तेदार इनमें से कोई चीज खरीदना चाहता है तो आप उसे किस कंपनी का सामान खरीदने की सलाह देंगे।

आप अपना पुराना मोबाईल फोन हटा कर नया मोबाईल फोन खरीदने का प्लान बना रहे हैं तो आप किस कंपनी का फोन खरीदेंगे और क्या कारण है उस कंपनी का फोन खरीदने का।

कपड़े तो सभी को हर महीने या दो महीने मे खरीदना ही पड़ता है तो आप किस ब्रॉन्ड का कपड़ा खरीदना पसंद करते हैं और कहां से खरीदना आपको ज्यादा अच्छा लगता है वी-मार्ट, डी-मार्ट या फिर बिग बाजार से।

आपकी कार या बाइक का टायर खराब हो जाता है तो किस कंपनी का टायर लेना पसंद करते हैं और यदि आपका कोई मित्र या रिश्तेदार टायर खरीदने से पहले आपसे सलाह मांगता है तो आप उसे किस कंपनी का टायर खरीदने की सलाह देते हैं।

इसी प्रकार बहुत से प्रोडक्ट और सर्विसेज होंगी जिन्हें आप लेते होंगे और दूसरों को भी इन्हीं प्रोडक्ट और सर्विसेज को लेने की सलाह भी देते होंगे।

आप सबको पता ही होगा कि आजकल किसी भी व्यक्ति को कोई सामान खरीदना होता है तो पहले वह पूरी तरह से रिसर्च करता है जैसे – गूगल और यूट्यूब पर उसका रिव्यु देखता है दोस्तों और रिश्तेदारों से सलाह लेता है फिर उस सामान के बारे में ई-कामर्स साइटों पर मूल्य और अन्य जानकारी एकत्र करने के बाद लोकल मार्केट में जाकर भी उस वस्तु को देखता है और जानकारी प्राप्त करता है।

पूर्णरूप से संतुष्ट होने के पश्चात ही कोई व्यक्ति किसी वस्तु या सर्विस को खरीदता है मतलब कि हमलोग अच्छे से अच्छा प्रोडक्ट या सर्विस ही हमेशा खरीदते हैं।

और दुनिया के अधिकांश लोग भी हम जैसे ही होते हैं वह भी इसी प्रकार से ही कोई वस्तु खरीदते हैं अर्थात सभी लोग बेस्ट प्रोडक्ट ही खरीदने की कोशिश करते हैं। इसका अर्थ यह हुआ कि जो प्रोडक्ट और सर्विस आप पसंद कर रहे हैं उसी को दुनिया के अन्य लोग भी पसन्द कर रहे हैं।

तो बस इतना ही पर्याप्त है आपने भविष्य में बढ़ने वाले शेयरों की पहचान कर ली है क्योंकि जो प्रोडक्ट या सर्विसेज आप प्रयोग कर रहे हैं वही बेहतर है आप उन्हीं कंपनियों के शेयर में निवेश करके बड़ा मुनाफा भी कमा सकते हैं।

लेकिन दोस्तों मानव स्वभाव ऐसा होता है कि हमें आसान और सरल चीजें समझ में ही नहीं आती हैं हमें लगता है कि जटिलता में ही सफलता मिलती है इसलिए हम लोग आसान चीजों को कठिन बना लेते हैं।

इसलिए हर बात में विशेषज्ञों की सलाह लेना पसंद करते हैं और हर बार असफल होने पर दूसरे विशेषज्ञ को ढूंढना शुरू कर देते हैं।

शेयर बाजार में भी असफल होने की यही वजह है जैसे कि हम बैंकिंग सर्विस एच.डी.एफ.सी. बैंक की लेते हैं लेकिन जब निवेश की बारी आती है तो किसी विशेषज्ञ की सलाह पर किसी अन्य बैंक के शेयर खरीद लेते हैं।

आप अपने घर में पेंट अपनी पसंद की कंपनी का लगाते हैं परंतु निवेश किसी और पेंट कंपनी में करते हैं, जब अपना घर बनाते हैं तो सीमेंट अपनी पसंद की कंपनी का लगवाते हैं और निवेश के लिए शेयर किसी अन्य कंपनी का खरीदते हैं।

अपनी पसंद की कंपनी में निवेश करना ही हमेशा मुनाफे का सौदा साबित होता है और मेरी नजर में तो यही सबसे सरल और आसान तरीका है भविष्य में बढ़ने वाले शेयरों की पहचान करने का।

इसी तरीके को शेयर बाजार के विशेषज्ञ और ट्रेनर टेक्निकल और जटिल भाषा में समझाते हैं जिसे एक साधारण व्यक्ति के लिए समझना काफी मुश्किल हो जाता है क्योंकि एक साधारण निवेशक को अर्थशास्त्र और उसकी गणित का ज्ञान बहुत कम अथवा ना के बराबर होता है इसलिए भ्रमित होकर गलत शेयर मे निवेश करके अपना भारी-भरकम नुकसान कर लेते हैं।

जब यह नुकसान बहुत ज्यादा हो जाता है तो इस बाजार को जुवां या सट्टा समझ कर शेयर बाजार को छोड़कर चले जाते हैं।

निष्कर्ष

दोस्तों शेयर बाजार में निवेश करना कोई रॉकेट साइंस नही है बस थोड़ा सा अपना दिमाग लगाकर रिसर्च करके यदि यहां निवेश किया जाए तो अच्छा लाभ बनाया जा सकता है।

दूसरों की रिसर्च अथवा एनालिसिस से हमें कोई बहुत ज्यादा लाभ नही मिल सकता है क्योंकि निवेश करने के साथ- साथ निवेश से कब बाहर निकलना है इसकी भी रणनीति बनाना जरूरी होता है।

भविष्य में बढ़ने वाले शेयरों की पहचान करने का जो सरल तरीका इस लेख में बताया गया है यदि इसको ध्यान में रखकर आप शेयर बाजार में निवेश करेंगे तो लाभ प्राप्त होने की संभावना काफी ज्यादा होगी।

13

इंट्राडे ट्रेडिंग मनोविज्ञान

ट्राडे ट्रेडिंग करते समय हमें अपने नियम कैसे पालन करना है, कितना प्रॉफिट लेना है, कितना नुकसान लेना है, अपनी स्ट्रैटेजी कैसे बनानी है और अपनी स्ट्रैटेजी को लाइव मार्केट में कब और कैसे अप्लाई करना है ?

ये कुछ ऐसी बातें हैं जो प्रत्येक ट्रेडर को पता होनी चाहिए। और इन सबका लाभ प्राप्त करने के लिए अपनी ट्रेडिंग के कुछ नियम बनाने जरूरी होते हैं।

इन नियमों को पालन करने के लिए अपनी भावनाओं पर काबू रखना बहुत जरूरी होता है।

अपनी भावनाओं को काबू में रख पाना आसान नही होता है क्योंकि इसके लिए अपने दिमाग को नियंत्रित की रखने आवश्यक होती है।

इसके लिए हमे अपने अन्दर एक ट्रेडिंग मनोविज्ञान विकसित करना पड़ता है, जो कि लगातार अभ्यास से ही संभव हो पाता है।

जब एक बार हम खुद को नियंत्रित करने और नियमों का पालन करने में सफलता प्राप्त कर लेते हैं तो इंट्राडे ट्रेडिंग हमारे लिए काफी लाभप्रद हो जाती है।

अपने नियम बनाना और ट्रेडिंग के समय उनका सटीक पालन करने के लिए अपने आपको मानसिक रूप से मजबूत करना ही ट्रेडिंग मनोविज्ञान का विषय क्षेत्र है।

ट्रेडिंग मनोविज्ञान विकसित करने के लिए यहां कुछ नियम बताए जा रहे है जिनका पालन करके अपनी इंट्राडे ट्रेडिंग मनोविज्ञान को जल्दी ही विकसित किया जा सकता है।

भय और लालच की भावना पर नियंत्रण

जब कोई ट्रेडर इंट्राडे ट्रेडिंग करता है तो उसके अन्दर ये डर बना रहता है कि 'कही लॉस न हो जाये' इसी भय से वह बहुत जल्दी अपनी पोजिशन बंद कर देता है। जिसका परिणाम ये होता है कि वह अपना पूरा प्रॉफिट नही लेकर जा पाता है।

वहीं दूसरी ओर इसके विपरीत लालच की भावना होती है, वैसे तो लालच ही ट्रेडर को इंट्राडे ट्रेडिंग के लिए प्रेरित करता है परन्तु अधिकतर ट्रेडर लालच के चक्कर मे फंसकर ही अपना काफी नुकसान भी कर लेते है।

जैसे कि किसी ट्रेडर ने खरीद का ट्रेड डाला और उसे लगता है कि इस स्टॉक का भाव आज काफी ऊपर तक जाएगा परन्तुवह स्टॉक नीचे गिरने लगता है,

लेकिन ट्रेडर उस ट्रेड से बाहर नही निकलना चाहता है क्योंकि उसे लालच बना रहता है कि अभी स्टॉक ऊपर जाएगा।

जबकि उस स्टॉक का भाव दिन के अन्त तक काफी ज्यादा गिर जाता है और ट्रेडर को भारी नुकसान उठाना पड़ जाता है। इंट्राडे ट्रेडिंग में यदि सफल होना है तो ट्रेडर को अपनी इन दोनों भावनाओ को अपने काबू में रखना होगा।

इन भावनाओं को काबू में रखने के लिए ट्रेड लेने से पहले उस ट्रेड की पूरी योजना बनी होनी चाहिए। अपने पास एक स्पष्ट नीति होनी चाहिए कि यह ट्रेड हमे कब लेना है तथा कितना प्रॉफिट लेकर हमें अपनी पोजिशन बन्द कर देनी है और इस ट्रेड में मेरा स्टॉप लॉस कितना होगा आदि – आदि ।

यह सब योजना ट्रेड लेने से पहले ही एकदम स्पष्ट होना चाहिए तथा ट्रेड के दौरान हमे केवल चार्ट देखना है और अपनी योजनानुसार ही कार्य करना है।

मानव स्वभाव ही ऐसा होता है कि अपनी भावनाओं पर नियंत्रण रखना आसान नही होता है इसके लिए लगातार अभ्यास करते रहने से ही इसमे पारंगत हुआ जा सकता है।

इसलिए एक इंट्राडे ट्रेडर को सबसे पहले अपनी भावनाओं को अपने नियंत्रण में रखने का अभ्यास करना जरूरी है तभी हम किसी ट्रेडिंग स्ट्रैटेजी से पैसा बनाने में सफल हो पायेंगे।

प्रॉफिट पर ध्यान केन्द्रित करना

सभी लोग जानते हैं कि इंट्राडे ट्रेडिंग में अधिकतर लोग कम समय और कम पैसे से ही ज्यादा पैसा कमाने के लालच में आते हैं।

यह सच भी है कि इंट्राडे ट्रेडिंग से बहुत कम समय मे अधिक पैसा बनाया जा सकता है, लेकिन इसके लिए आपको अपने दिमाग पर नियंत्रण जरूरी है।

हमने जो भी टेक्निकल एनालिसिस या स्ट्रैटेजी सीखी है उसके नियम का कड़ाई से पालन करना भी जरूरी है।

हम जो भी इंट्राडे ट्रेडिंग Success Formula या Strategy सीखते हैं तो उसका मकसद सिर्फ यही होता है कि इससे हमें ट्रेडिंग मे पैसा बनाना है।

इसलिए ट्रेड लेने से पहले हमेशा ये ध्यान रखें कि हमे पैसा बनाने के लिए ही कोई ट्रेड लेना है अपनी तरफ से ऐसी कोई गलती नही होने देना है जिससे हमें कोई नुकसान हो जाए।

सबसे अच्छा तो ये है कि हम खुद अपने लिए स्ट्रैटेजी बनाएं और स्टॉक की कम मात्रा लेकर लगातार कुछ हफ़्तों तक अपनी स्ट्रैटेजी पर अभ्यास करें।

अपनी स्ट्रेटेजी को मार्केट की हर स्थिति में परीक्षण करें उसी आधार पर अपना ट्रेडिंग मनोविज्ञान विकसित करें।

जब लगातार किसी चीज पर लंबे समय तक अभ्यास करेंगे तब हम उसकी हर बारीकी को समझ जाएंगे इससे अपना आत्मविश्वास भी काफी मजबूत होगा।

हम जब जीतने के आत्मविश्वास के साथ ट्रेडिंग करेंगे तो सफलता मिलने की संभावना भी काफी हद तक बढ़ जाएगी।

यदि हम शेयर बाजार और इंट्राडे ट्रेडिंग को कैसिनो समझ कर सट्टा लगाएंगे तो यहाँ से सिर्फ और सिर्फ नुकसान ही होगा क्योंकि शेयर बाजार एक तरह का व्यापार है इसे सट्टा समझने की गल्ती कभी न करें।

नुकसान होने पर दुःखी न हो

एक बात हमेशा अपने दिमाग मे बैठा कर रखनी चाहिए कि 'शेयर बाजार न तो हमेशा फायदा दे सकता है और न ही हमेशा नुकसान देता है'।

बल्कि इन दोनों का मिला – जुला परिणाम देता है, यदि कभी हमे नुकसान होता है तो इससे ज्यादा दुःखी नही होना चाहिए क्योंकि ये सब तो इंट्राडे ट्रेडिंग का हिस्सा है।

अपने ट्रेडिंग नियम यहां अपने लिए काफी हितकर होते हैं क्योंकि यदि अपने ट्रेडिंग नियम का कड़ाई से पालन करेंगे तो हमें कभी ज्यादा नुकसान नही उठाना पड़ेगा। नुकसान को ज्यादा गंभीरता से लेने की जरूरत नही है और न ही नुकसान की भरपाई के लिए उल्टी – सीधी ट्रेडिंग करनी चाहिए।

कुल मिलाकर हर परिस्थिति में हमें अपना दिमागी संतुलन बनाये रखना है और ये तभी संभव होगा जब हम अपने में इंट्राडे ट्रेडिंग मनोविज्ञान विकसित कर लेंगे।

तेजी से निर्णय लेना

इंट्राडे ट्रेडिंग में हमें बहुत तेजी से कभी – कभी कुछ ही सेकेण्ड में फैसले लेने होते हैं क्योंकि यहाँ सोचने समझने के लिए बहुत अधिक समय नही होता है।

जल्दबाजी में फैसले लेने से बहुत ज्यादा संभावना होती है कि ऐसे फैसले भावनाओ के आधार पर ही ले लिए जाते हैं।

जबकि हमको यहाँ भावनाओ पर नही बल्कि मार्केट ट्रेन्ड और परिस्थितियों के अनुसार निर्णय लेना होता है।

यदि हमारे पास पहले से ही ट्रेडिंग योजना है और अनुशासन के साथ नियंत्रित ट्रेडिंग करते हैं तो फिर हम भावनाओ पर नही बल्कि अपनी योजना और बाजार की परिस्थितियों के अनुसार निर्णय लेने में सक्षम होते हैं।

इस प्रकार से निर्णय लेने पर अपनी सफलता की संभावना भी काफी अधिक बढ़ जाती है।

इंट्राडे ट्रेडिंग मनोविज्ञान आपको एक सफल ट्रेडर बनाता है

पहले भी बताया जा चुका है कि इंट्राडे ट्रेडिंग में स्ट्रैटेजी और नियम तभी आपको प्रॉफिट दिला पाएंगे जब आप इन सबका कड़ाई से पालन करेंगे जोकि इतना आसान नही होता।

मानव स्वाभाव में डर और लालच ऐसी भावना है जिसको नियंत्रित करना काफी मुश्किल होता है, लेकिन अगर हम एक बार अपनी इन मनोवैज्ञानिक भावनाओ को नियंत्रित करना सीख लिए तो डे ट्रेडिंग से बहुत अच्छा पैसा कमा सकते हैं।

हमे इस सच्चाई को हमेशा याद रखना है कि इंट्राडे ट्रेडिंग से सफलता में 70 प्रतिशत प्रतिशत योगदान हमारी Intraday Trading Psychology का ही होता है बाकी के 30 प्रतिशत में हमारी स्ट्रैटेजी, नियम और तकनीकी विश्लेषण का योगदान होता है।

लेकिन देखा ये जाता है कि ट्रेडर 30 प्रतिशत वाली चीजो पर ही अधिक ध्यान देते हैं और उसी पर सारी मेहनत भी करते हैं।

कभी भी इंट्राडे के मनोविज्ञान की उपयोगिता पर ध्यान ही नही जाता है।

जो ट्रेडर, इंट्राडे ट्रेडिंग मनोविज्ञान की उपयोगिता समझता है और उस पर काम करता है वह यहाँ से ढेरों पैसा ले जाता है और ऐसे लोग सिर्फ 5 प्रतिशत ही होते हैं।

95 प्रतिशत लोग तो ट्रेडिंग मनोविज्ञान की महत्ता को समझते ही नही हैं इसलिए तमाम स्ट्रैटेजी, और तकनीकी विश्लेषण में निपुण होने के बाद भी यहाँ अपने पैसे गँवाकर बाजार से बाहर चले जाते हैं।

अब आपको समझ में आ गया होगा कि इंट्राडे ट्रेडिंग मनोविज्ञान क्या है, और यह आपको कैसे सफल ट्रेडर बनाता है।

दोस्तों, अगर आप भी इंट्राडे ट्रेडिंग से पैसा बनाना चाहते है तो पहले अपनी इंट्राडे ट्रेडिंग मनोविज्ञान विकसित करने का अभ्यास आज से ही शुरू कर दें।

धीरे – धीरे आप भी 5 प्रतिशत सफल ट्रेडर की श्रेणी में आ जाएंगे।

इंट्राडे ट्रेडिंग मनोविज्ञान की विस्तृत जानकारी के लिए आप इस वेबसाइट के अन्य बहुत से लेखों को भी पढ़ सकते हैं तथा अपनी ट्रेडिंग में अप्लाई कर के शेयर बाजार से काफी पैसा बना सकते हैं।

14
पैसे कैसे कमाएं

शेयर बाजार या स्टॉक मार्केट से पैसा बनाना आधुनिक समय मे आसान और आकर्षक तरीका है।शेयर मार्केट में निवेश से जो रिटर्न प्राप्त होता है वह किसी अन्य दूसरी जगह पर निवेश की तुलना में बहुत ज्यादा है।लेकिन शेयर मार्केट में जोखिम बहुत ज्यादा होने के कारण पैसा डूबने का खतरा भी अधिक रहता है। तो चलिए जानते हैं कि आखिर शेयर बाजार से पैसे कैसे कमाएं जा सकते हैं?

कम पैसे से निवेश करना शुरू करें

अगर आप शेयर बाजार में नए हैं तो कम पैसे से निवेश करना शुरू करें। इससे आपको फायदा ये होगा कि आप शेयर बाजार को अच्छे से जान सकेंगे, और आपके पैसे भी कम नुकसान होंगे।अक्सर देखा जाता है कि लोग जोश में आकर शुरुआत में ही अपनी सारी पूंजी शेयर मार्केट में निवेश करने लग जाते हैं। और जानकारी के अभाव में ऐसे लोग अपना काफी बड़ा नुकसान भी कर लेते हैं तब उनको लगता है कि शेयर बाजार केवल जुवां या सट्टा ही है।हम ये भूल जाते हैं कि शेयर मार्केट को जुवां या सट्टा हमने खुद ही बना लिया है। बिना किसी जानकारी के कोई भी काम शुरू करना जुवां खेलना ही होता है।इसलिए शेयर बाजार में कम पैसों से निवेश की शुरुआत करें और और शुरू में मकसद सीखने का होना चाहिए न कि पैसे कमाने का।

लम्बे समय के लिए निवेश करें

शेयर बाजार से अच्छे पैसे आप तभी कमा सकते हैं जब आप अपने पैसे को लंबे समय के लिए शेयर बाजार में निवेश करके रखें।ज्यादातर जो नए और छोटे निवेशक होते हैं, वह शेयर बाजार के उतार-चढ़ाव से बहुत जल्दी घबरा जाते हैं कि कहीं उनके पैसे डूब ना जाए।जिसकी वजह से वह लोग अपने पैसे बहुत जल्दी ही

शेयर बाजार से निकाल लेते हैं। हालांकि इस स्थिति में भी वो कुछ पैसे जरूर कमा लेते हैं लेकिन मोटा पैसा नहीं कमा पाते हैं।

इसलिए मोटा पैसा कमाने के लिए लंबे समय के लिए निवेश करें। आपने भी जरूर सुना या पढ़ा होगा कि कुछ लोग बहुत समय पहले शेयर मार्केट में लाख रुपए निवेश किए थे और आज वह लोग करोड़पति है।लंबे समय तक निवेश करने का यही फायदा होता है।

शेयर खरीदने या बेचने के लिए सही समय का इंतजार करें

शेयर बाजार में सावधान रहना बहुत जरूरी होता है जब भी शेयर बाजार में गिरावट देखने को मिले उस समय आपको शेयर खरीदते रहना है।ऐसा करने से आपके शेयर का प्राइस एवरेज होता रहेगा और जब शेयर का दाम बढ़ेगा तो आपको अधिक मुनाफा होगा।लेकिन नए लोग इसके विपरीत कार्य करते हैं जब भी शेयर बाजार में गिरावट होती है तो ये लोग अपना शेयर बेच देते हैं ताकि उन्हें घाटा ना हो।वहीं अनुभवी और पुराने निवेशक ऐसे मौकों की ही प्रतीक्षा करते हैं और जब भी बाजार में गिरावट होती है तो अपने पसंदीदा शेयर को अपेक्षाकृत कम मूल्य में खरीदकर अपने पोर्टफोलियो को और ज्यादा कमाई वाला बनाने की कोशिश करते हैं।

हमेशा अलग-अलग सेक्टर में निवेश करें

शेयर बाजार में अगर आपको अच्छा पैसा कमाना है, तो अपनी पूंजी को एक ही सेक्टर में कभी भी न निवेश करें।अगर आप एक ही सेक्टर में निवेश करते हैं तो आप अच्छा पैसा नहीं कमा पाएंगे, क्योंकि जब भी बाजार में किसी एक सेक्टर की हालत खराब होती है, तो दूसरा सेक्टर अच्छा प्रदर्शन कर सकता है।आपका निवेश अलग – अलग सेक्टर मे होता है तो यदि आपको किसी एक सेक्टर में नुकसान हो रहा होगा तो दूसरे सेक्टर से अच्छी कमाई करके अपने नुकसान की भरपाई सकते हैं।इसीलिए अपनी पूंजी को हमेशा अलग-अलग सेक्टर में निवेश करना चाहिए।

हमेशा अच्छी कंपनी का चयन करें

शुरू शुरू में बहुत ज्यादा पैसे कमाने पर फोकस ना करें, क्योंकि बहुत ज्यादा पैसे कमाने के चक्कर में लोग उन कंपनियों में पैसा लगा देते हैं, जो फंडामेंटली मजबूत नहीं होती हैं और फिर फंस जाते हैं।इसीलिए जब भी आप निवेश करने की शुरुआत करते हैं तो शुरुआत लार्ज कैप कंपनियों से करें, जो फंडामेंटली मजबूत हो।इसके अलावा जो बड़े निवेशक हैं उनके बारे में भी जानने की कोशिश करें कि वो किन कंपनियों में निवेश कर रहे हैं।अपने अनुभव और प्रयास से रिसर्च करके भी आप कुछ अच्छी कंपनियों को ढूंढ सकते हैं जिनमे निवेश करके भी आपको अच्छा

लाभ प्राप्त हो सकता है।शेयर बाजार से पैसे तभी आप बना पाएंगे जब आप सही जगह पर निवेश करेंगे और यदि गलती से भी किसी गलत कंपनी में अपना पैसा लगा दिया तो कंपनी के साथ-साथ आपके पैसे भी डूब जाएंगे।

शेयर बाजार की गिरावट से डरे नहीं

कभी-कभी क्या होता है कि, जैसे ही शेयर बाजार में गिरावट का दौर चलता है निवेशक घबराने लगते हैं और फिर बड़े घाटे के डर से अपने शेयर कम भाव में बेच देते हैं।जबकि वहीं जो अनुभवी निवेशक होते हैं, खरीदारी के लिए गिरावट का इंतजार करते है। और इसी गिरावट में अच्छी कंपनियों के शेयर कम मूल्य में खरीद कर भविष्य में बहुत मोटा पैसा कमा लेते हैं।नए निवेशक को भी बाजार की गिरावट से परेशान नही होना चाहिए बल्कि निवेश के लिए गिरावट को एक सुनहरा मौका समझना चाहिए।जब आप कुछ साल शेयर बाजार में गुजार लेंगे तब इन सब बातों को आप अपने अनुभव से खुद ही समझने लग जाएंगे।

डर और लालच को अपने से दूर रखें

शेयर बाजार में सफल होना है तो आपको डर और लालच से दूर रहना पड़ेगा क्योंकि कई बार लोग निवेश करके अच्छा पैसा कमा लेते हैं लेकिन और ज्यादा लालच के चक्कर में अपना सारा पैसा गवां देते हैं।इसके विपरीत कभी लोग अपने निवेश से अच्छा पैसा कमा रहे होते हैं लेकिन यदि मार्केट किसी कारणवश थोड़ा सा भी नीचे गिरता है तो उन्हें डर लगने लगता है कि कहीं बाजार और ज्यादा न गिर जाए कहीं बहुत ज्यादा नुकसान न हो जाए। और अपने शेयर को बेच देते हैं।कुछ दिनों बाद उस शेयर के भाव फिर से तेजी से बढ़ना शुरू हो जाते हैं तब उन्हें पछतावा होता है कि काश अभी कुछ दिन अपने शेयर और न बेचे होते तो काफी अच्छा मुनाफा मिल गया होता।अपने इस डर और लालच जैसी भावना से बचने के लिए निवेश करने से पहले एक लक्ष्य बना कर रखना जरूरी है ताकि आप सही समय पर पैसे कमा कर बाहर निकल सकें।

स्टॉपलॉस लगाना ना भूलें

अगर आपको शेयर बाजार में बड़े नुकसान से बचना है तो निवेश के समय ही उचित स्टॉप लोस्स लगाना होगा।बड़े-बड़े निवेशक भी हमेशा स्टॉपलॉस लगा कर ही निवेश करते हैं, ताकि बाजार गिरने की स्थिति में बहुत कम नुकसान में ही बाजार से बाहर निकल सके।स्टॉप लोस्स को सही जगह पर लगाना भी एक कला है जो कि अनुभव बढ़ने के साथ ही अच्छे से समझ मे आता है।और अनुभवी निवेशक समय-समय पर अपने स्टॉपलॉस में भी परिवर्तन करते रहते हैं जिससे मुनाफा बढ़ता जाता है और नुकसान और कम होता जाता है।

हमेशा न्यूज़ के साथ अपडेट रहे

बहुत बार ऐसा भी होता है कि, लोग शेयर तो खरीद लेते हैं लेकिन उस शेयर के बारे में बाजार में क्या न्यूज़ चल रही है उसके बारे में ध्यान नहीं देते हैं।जिसकी वजह से कभी कोई ज्यादा खराब न्यूज़ के कारण शेयर का जो भाव होता है वह एकदम से नीचे गिर जाता है, और इसी की वजह से बहुत बड़ा नुकसान होता है।इसीलिए हमेशा, आपने जिस भी कंपनी या सेक्टर का शेयर खरीदा है उस के बारे में देश – दुनिया मे क्या खबर चल रही है रोज थोड़ा समय निकाल कर इसकी जानकारी जरूर करते रहें।यदि कोई विपरीत खबर चल रही है तो होशियार रहने की जरूरत है और उसी हिसाब से अपने स्टॉपलॉस को भी परिवर्तित करने की आवश्यकता होती है

दूसरों की नकल ना करें

कई बार क्या होता है कि, नए लोग दूसरों को देख कर निवेश करते हैं, मतलब कि कोई चार – पांच व्यक्ति किसी एक शेयर में अपने पैसे निवेश कर रहे हैं ,तो उनको देख कर दूसरा व्यक्ति उसी शेयर में अपने पैसे निवेश कर देता हैं बिना किसी जानकारी के कि आगे जाकर यह शेयर प्रॉफिट देगा भी या नहीं।अगर आप भी इसी तरह दूसरों को देख कर अपने पैसे निवेश करते हैं तो आपका नुकसान होने की संभावना बहुत बढ़ जाती है।इसीलिए जब भी आप अपने पैसे शेयर बाजार में निवेश करें तो सिर्फ दूसरों को देख कर ही उसी शेयर में निवेश ना करें, बल्कि आप उस शेयर के बारे में खुद ही रिसर्च करें।यदि आप नए निवेशक हैं तो जरूरत पड़ने पर अपने ब्रोकर से भी सलाह ले सकते हैं या किसी ऐसे व्यक्ति से भी सलाह ले सकते हैं जो शेयर बाजार को अच्छे से जानता हो।निवेश से पूर्व उस शेयर की अच्छे से पड़ताल कर लेने से भविष्य में अपने निवेश में नुकसान की संभावना भी कम हो जाती हैं।

कभी भी तुक्का ना लगाएं

बहुत सारे लोग हैं जो शेयर बाजार में तुक्का लगाते हैं। ऐसे लोगों को शेयर बाजार के बारे में ज्यादा जानकारी नहीं होती है लेकिन पैसे कमाने की बहुत जल्दी होती है।ये लोग किसी भी कंपनी के शेयर में तुक्का लगाकर कि आगे जाकर यह कंपनी हमें अच्छे रिटर्न देगी और अपने पैसे निवेश कर देते हैं।यदि इसी तरह से आप भी तुक्का लगा कर या किसी भावना मे बहकर अपने पैसे शेयर बाजार में निवेश करते हैं तो आपको सिर्फ और सिर्फ नुकसान ही होगा।शेयर बाजार में पैसे तुक्का लगाकर नहीं बल्कि कंपनी के फंडामेंटल के साथ-साथ और भी काफी जानकारी की आवश्यकता होती है।

धैर्य रखने की आवश्यकता

शेयर बाजार में जब भी आप पैसा निवेश करते हैं तो धैर्य रखना भी बहुत जरूरी होता है क्योंकि शेयर बाजार में कभी भी उछाल और गिरावट आ सकती है।अगर आप शेयर बाजार की गिरावट देखकर धैर्य खो बैठते हैं और तुरंत ही अपने पैसे निकाल लेते हैं तो उसमें आपको नुकसान हो सकता है।और अगर आप अपना धैर्य बनाकर रखते हैं तो बाजार जब फिर से उछाल मारता है तो आपको काफी बड़ा फायदा हो सकता है।दोस्तों, शेयर बाजार हो या अन्य कोई भी क्षेत्र हो हर जगह धैर्य की आवश्यकता होती है बिना धैर्य के किसी भी क्षेत्र में सफलता मिलने की संभावना न के ही बराबर होती है।शेयर बाजार में भी धैर्य की बहुत आवश्यकता होती है। धैर्य ना रखने से बहुतों का नुकसान हो चुका है तो आप यह कभी ना दोहराएं।

वित्त सलाहकार की भी सलाह लें

आजकल बहुत सारे ऐसे लोग मिल जाएंगे जो खुद को शेयर बाजार का मास्टर बताते हैं और कहते हैं कि हमें शेयर बाजार की सम्पूर्ण जानकारी है साथ मे लोगों को तमाम तरह के प्रलोभन भी देते हैं।काफी लोग इनके झांसों में आ भी जाते हैं और अपने पैसे शेयर बाजार में उनके हिसाब से निवेश कर देते हैं और अंत में उन्हें काफी नुकसान हो जाता है।आप हमेशा इन जैसे लोगों से दूर ही रहें तो बेहतर है। कभी भी इन जैसे लोगों की सलाह लेकर अपने पैसे शेयर बाजार में न निवेश करें नही तो आपको भी भारी नुकसान उठाना पड़ सकता है।यदि आपको शेयर बाजार में निवेश से संबंधित कोई सलाह लेनी ही है तो हमेशा किसी विश्वशनीय वित्त सलाहकार की मदद ही लें। बहुत से ब्रोकर भी अपने ग्राहक को शेयर बाजार में निवेश अथवा ट्रेडिंग से संबंधित सलाह और सुझाव देने की सुविधा प्रदान करते हैं।यदि आपको शेयर बाजार से संबंधित किसी सलाह या सुझाव की आवश्यकता हो तो आप अपने ब्रोकर से भी संपर्क कर सकते हैं।परन्तु कभी भी ऐसे लोगों के झांसे में न फंसे जो आपको बार – बार फोन करके ये बताते हैं कि यदि आप उनको कुछ फीस देदें तो बदले में वह आपको शेयर बाजार से रातोरात करोड़पति बनने के Tips, Tricks, और Strategy दे देंगे जिससे आप बहुत जल्दी अमीर बन जाएंगे।ऐसे लोग आपका दुगना नुकसान करते हैं एक तो वो खुद आपसे मोटी रकम ऐठते हैं और उनके बताए तरीके से शेयर बाजार में निवेश करने पर भी भारी नुकसान होता है।इसलिए जरूरत पड़ने पर केवल विश्वसनीय वित्त सलाहकार की ही मदद लें।

टारगेट हमेशा सेट करके रखें

बहुत बार ऐसा होता है कि जब शेयर बाजार में उछाल आता है तो लोग इंतजार करने लगते हैं कि शेयर बाजार अभी और भागेगा – और भागेगा,लालचवश अपने पैसे जो निवेश किए होते हैं निकालते नही हैं। इससे क्या होता है कि जब शेयर बाजार में अचानक किसी भी कारणों से गिरावट आ जाती है तो जो भी मुनाफा बना होता है वह तो हाथ से जाता ही है साथ-साथ अपनी मूल पूंजी का भी काफी नुकसान हो जाता है।इसीलिए जब भी आप शेयर बाजार में पैसे निवेश करते हैं तो उसी समय एक लक्ष्य भी निर्धारित कर लें कि जैसे ही शेयर बाजार इस भाव तक पहुंचेगा, हम अपने पूरे पैसे या अपना मूलधन निकाल लेंगे।इससे आप नुकसान से भी बचे रहते हैं और अच्छा मुनाफा बनाने में भी कामयाब होते हैं।

अफवाहों से दूर रहे

जब पैसे कमाने की बात आती है तो लोग अफवाहों में ज्यादा विश्वास करने लगते हैं। कभी-कभी कुछ बड़े वित्तीय संस्थान भी अपने लाभ के लिए झूठी अफवाह फैलाते हैं।जैसे कि आमुक कंपनी के शेयर के भाव आने वाले दिनों में तेजी से बढ़ेंगे और उन अफवाहों को सुनकर दूसरे लोग बिना कुछ सोचे समझे अपने पैसे उस कंपनी के शेयर में धड़ाधड़ निवेश करना शुरू कर देते हैं।इससे उस कंपनी के शेयर के भाव भी तेजी से बढ़ना शुरू हो जाते हैं ऐसे में अफवाह फैलाने वाले लोग जिनके पास उस कंपनी के भारी मात्रा में शेयर होते होते हैं बेचकर अपना प्रॉफिट बुक करना शुरू कर देते हैं।परिणामस्वरूप उस कंपनी के शेयर के भाव तेजी से गिरना शुरू हो जाते हैं और छोटे निवेशकों को काफी बड़ा नुकसान उठाना पड़ जाता है।नए और छोटे निवेशकों को ऐसी बातों से हमेशा होशियार रहने की जरूरत होती है।अगर आप शेयर बाजार से पैसे कमाना चाहते हैं तो कभी भी सिर्फ इन अफवाहों को सुनकर अपने पैसे निवेश ना करें बल्कि अपनी तरफ से भी उस कंपनी के बारे में अच्छी तरह से जांच-पड़ताल कर लें।

निष्कर्ष

बहुत से लोगों का मानना है कि शेयर बाजार से पैसे कमाने के लिए गणित या अर्थशास्त्र जैसे विषयों का ज्ञान होना जरूरी होता है।लेकीन ऐसा होना जरूरी नही है बल्कि शेयर बाजार में कोई भी साधारण व्यक्ति निवेश भी कर सकता है और पैसा भी कमा सकता है।नए लोगों के लिए शेयर बाजार से पैसे कमाने का मूलमंत्र यही है कि शुरुआत में कम पैसों से ही निवेश करें , अच्छी कंपनी को चुने, सही समय पर शेयर खरीदे और सही समय पर ही उसे बेचे।हमेशा अलग-अलग सेक्टर में निवेश करें और स्टॉपलॉस लगाना न भूलें। अपनी डर और लालच जैसी भावना को नियंत्रित रखते हुए लंबे समय के लिए निवेश करें।

15

मांग का नियम

मांग का नियम हर व्यक्ति हर दिन उपयोग में लाता है क्योंकि सामान्यतः उपभोक्ता अधिक कीमत पर वस्तु की माँग कम तथा कम कीमत पर वस्तुओं की माँग अधिक करते हैं। किसी वस्तु की मांग उस वस्तु की कीमत के साथ-साथ उपभोक्ता की आय, रूचि तथा अन्य प्रतिस्थानापन्न और पूरक वस्तुओं पर भी निर्भर करती है |

अर्थव्यवस्था के सबसे महत्वपूर्ण नियमों के अंतर्गत मांग का नियम अत्यंत महत्वपूर्ण नियम है| यदि आप मांग के नियम को समझ जाएँ तो कोई भी वस्तु क्यों कितनी महंगी और क्यों उसकी मांग ज्यादा या कम है इस बात का अंदाजा लगाया जाना आसान हो जाता है| जहाँ पर पूर्ति है वही पर मांग है और जहाँ मांग हैं वही पर कोई भी पूर्तिकर्ता अपने सामानों की पूर्ति करने के लिए तत्पर रहता है| बहुत सारे ऐसे कारक होते हैं जोकि मांग और पूर्ति के नियम की बेहतर ब्याख्या करते हैं| इसके अलावा बहुत सारे ऐसे कारक होते हैं जोकि मांग और पूर्ति के नियमों की व्याख्या करते हैं|

परिभाषा

मांग के नियम परिभाषा के अंतर्गत बस्तुओं और उनकी मात्रा एवं उनके मूल्य के मध्य के संबध की व्याख्या कि जाती है| बाजार में कोई बस्तु कितनी मात्रा में उपलब्ध है और उसकी कितनी कीमत ली जा रही है यही इस परिभाषा के अंतर्गत व्याख्यायित किया जाता है| बाजार में यदि किसी बस्तु की मात्रा ज्यादा उपलब्ध है तो इसका सीधा सा अर्थ है की उसकी कीमत कम होगी| लेकिन यदि उसकी मात्रा कम है तो जाहिर सी बात है कि उसकी कीमतज्यादा होगी|लेकिन कुछ नियम ऐसे भी है जोकि इस मांग के नियम की सही परिभाषा नहीं दे पाते हैं|

उदहारण के लिए यदि आप किसी नए एप्पल फ़ोन के शौक़ीन हैं और उसकी कीमत ज्यादा है लेकिन आपकी आमदनी भी ज्यादा है जिसकी तुलना में आप को एप्पल की कीमत अदा करना ज्यादा महंगा साबित नहीं हो रहा हैं तो आप आसानी से उस सामान को खरीद सकते हैं|

आसान शब्दों में हम कह सकते हैं कि यदि बाजार में किसी वस्तु की कीमत ज्यादा है तो जाहिर सी बात है कि उसके खरीदार कम होंगे और यदि उस वस्तु की कीमत कम है तो भी जाहिर सी बात है कि उसके खरीदार ज्यादा होंगे| लेकिन एक चीज को और भी ध्यान देना होगा की यदि उस बस्तु की मांग कम है और उसकी बाजार में मौजूदगी ज्यादा है तो भी उसके खरीदार कम होंगे|

अर्थशास्त्री मांग के नियम में कठोरता से विश्वास करते हैं| यह नियम उनके लिए अत्यंत आवश्यक होता है जोकि अर्थशास्त्र का अध्ययन नहीं करते हैं|

मांगकेप्रकार

मांगकेकईप्रकारहोतेहैंजिनकावर्णननिम्नवतहै-

नकारात्मकमांग-

बाजार में यदि सामान की मौजूदगी ज्यादा है तो संभव है की उसकी मांग कम हो क्योंकि सामान ज्यादा होने की वजह से ही उसकी कीमत कम है और उसकी खरीदारी नहीं हो पा रही है| बाजार में सामान का पूर्तिकर्ता सर्वप्रथम बस्तु की मांग के बारे में काफी गहराई से विश्लेषण करता है उसके बाद ही उस सामान की बाजार में आवक को बढाता है| क्योकि यदि वह सामान को बिना विश्लेषण के बाजार में भेज देता है तो उसको वस्तुओं के सही दाम नहीं मिल पाते हैं और उसके नुकसान का सामना करना पड़ता है|

शून्यमांग-

बाजार में बहुत सारी वस्तुओं की कोई भी मांग नहीं होती है लिहाजा उन्हें शून्य मांग का सामना करना पड़ता है| हालांकि बाजार में ऐसी चीजों की संख्या न के बराबर होती है |

गिरतीहुईमांग-

जब बाजार में किसी एक वस्तु की मांग में क्रमशः गिरावट दर्ज की जा रही हो तो इस तरह की मांग को गिरती हुई मांग कहते हैं|

अनियमितमांग-

कभी-कभी वस्तुओं की अनियमित मांग का सामना करना पड़ता है| अर्थात जैसे ही वस्तु की जरुरत महसूस होती है उसकी मांग बढ़ जाती है लेकिन आफ़-सीजन में उसकी मांग नकारात्मक रूप से प्रभावित होती है और वस्तु को

अनियमित मांग का सामना करना पड़ता है|

बेलोचमांग-

बाजार में जब वस्तु की मांग हमेशा बनी रहती है तो इस स्थिति को पूरी मांग कहते है| होता यह है की जब वस्तु की गुणवत्ता अच्छी होती है तो इसकी मांग में हमेशा उछाल बना रहता है और लोगों के बीच उसकी मांग बनी रहती है|

मांगकानिर्धारण-

मांग का नियम हमेशा कुछ बातों पर निर्भर करता है; क्योंकि जैसे ही वस्तु की कीमत कम होती है उसकी मांग में वृद्धि होने लगती है| इसी तरह अन्य तथ्य भी कार्य करते हैं जिनका जिक्र निम्नवत है-

आय- किसी भी व्यक्ति की आय के अनुसार मांग में भी इजाफा होता है| यदि किसी व्यक्ति की आय अधिक है तो जाहिर सी बात है की उसके द्वारा किसी भी वस्तु या सेवा को खरीदने में किसी भी परेशानी का सामना नहीं करना पड़ेगा| अर्थात धनी ग्राहक मांग के नियम को सकारात्मक तरीके से प्रभावित करते हैं|

ग्राहकोंकीप्राथमिकता- वस्तुओं की गुणवत्ता भी वस्तु के मांग में वृद्धि करती है| यदि किसी सामान की गुणवत्ता बेहतर हैं तो जाहिर सी बात ही कि ग्राहक उन वस्तुओं को खरीदने में खासी दिलचस्पी रखेगा|

खरीदारोंकीसंख्या- बाजार में ग्राहकों की संख्या भी किसी वस्तु की मांग को प्रभावित करती है| यदि किसी वस्तु की बाजार में मात्रा कम है तो जाहिर सी बात है कि उसके खरीदारों की संख्या में वृद्धि होगी और मांग में इजाफा होगा|

सम्बंधितवस्तुकीकीमत-

1. वैकल्पिक वस्तुओं की कीमतें भी अन्य वस्तुओं की कीमतों को प्रभावित करती हैं| वैकल्पिक वस्तुओं की कीमतें और अन्य वस्तुओं की कीमतें एक दूसरे से सम्बंधित होती है| क्योकि कम कीमत में बेहतर वस्तु की चाह सभी की होती है|
2. सहायक वस्तुओं की जरुरत अन्य वस्तुओं के साथ होती है; इनका इस्तेमाल अन्य वस्तुओ के साथ ही होने के कारण इनकी जरुरत भी ज्यादा होती है| अतः सहायक वस्तुओं की मांग अन्य वस्तुओं की कीमतों से प्रभावित नहीं होती हैं|

भविष्यकीआस-

1. **भविष्य की कीमत-** किसी भी वस्तु की मांग में इजाफा तब होता है जब किसी ग्राहक को इस बात का अंदाजा हो जाता हैं की अमुक वस्तु की कीमत भविष्य में बढ़ेगी| साथ ही यदि किसी वस्तु की कीमत के भविष्य में घटने की उम्मीद होती है तो उसकी मांग में भी कमी होती है|
2. **भविष्य की आय-** किसी भी वस्तु की मांग में इजाफा तब होता है जब किसी ग्राहक को इस बात का अंदाजा हो जाता हैं कि उसकी आय में भविष्य में वृद्धि होगी| साथ ही यदि इस बात का अंदाजा हो जाये कि ग्राहक की आय भविष्य में घटेगी तो उसकी मांग में भी कमी होती है|

निष्कर्ष- मांग एवं पूर्ति का नियम एक-दूसरे से संबधित है| बाजार में यदि किसी सामान की मांग है तो उसकी पूर्ति अपने-आप संभव होने लगती है| लेकिन यदि पूर्ति हो रही हो तो यह कोई जरुरी नहीं कि उसकी मांग बाजार में मौजूद हो ही| जैसे ही किसी वस्तु की कीमत में इजाफा होता है अपने आप उसकी मांग में कमी होने लगती है; और उत्पादक को उसकी पूर्ति भी घटानी पड़ती है| बाजार में पूर्ण प्रतियोगिता की स्थिति में प्रतियोगियों के बीच वस्तुओं की पूर्ति और उनकी कीमतों में काफी उतार-चढ़ाव देखा जाता है| मांग एवं पूर्ति के नियमों को जानकर ही कोई देश अपने सामानों की किसी देश में पूर्ति को संभव बनाता है|

16

स्टॉक चयन स्मार्ट निवेश

शेयर बाजार में समझदारी से निवेश करने के लिए शेयरों को चुनना स्मार्ट निवेश है। यह "शेयर बाजार में निवेश कैसे करें" के सबसे महत्वपूर्ण पहलुओं में से एक है (यदि सबसे महत्वपूर्ण नहीं है!)। स्टॉक चयन अपने आप में एक उद्योग है, इसमें फंड मैनेजर, पोर्टफोलियो मैनेजर और रिसर्च एनालिस्ट होते हैं जो इस काम के विशेषज्ञ होते हैं। हालांकि "अच्छे स्टॉक" का चयन करने वाले कारकों की एक अंतहीन सूची हो सकती है, उनमें से कुछ हो सकते हैं: कंपनी के वित्तीय:बैलेंस शीट, लाभ हानिबयान विकास की संभावनाएं: कंपनी का विकास पथ कैसा है, क्या कंपनी अपने साथियों की तुलना में अच्छी वृद्धि दिखा रही है। मौलिक विश्लेषण: प्रमुख अनुपातों (पी/ई, पीईजी, आदि) को देखते हुए, विभिन्न उद्योगों को अलग-अलग अनुपातों को देखने के लिए एक की आवश्यकता होती है। कंपनी उत्पाद लाइन और विस्तार योजना अनुसंधान रिपोर्ट और विश्लेषक सिफारिशें: ये अपने काम में पेशेवर हैं जो इस विषय को पूरी तरह से कवर करने का प्रयास करेंगे। हमेशा याद रखें कि स्टॉक का चयन शेयर बाजार में निवेश का एक बहुत ही महत्वपूर्ण पहलू है। युक्तियों और अफवाहों के अनुसार अच्छे चयन का परिणाम नहीं हो सकता है, निवेश करने वालों को बाद में पछताना पड़ सकता है। अच्छा चुनें, बुद्धिमानी से चुनें यहां आदर्श वाक्य होना चाहिए।.

17
आपूर्ति का नियम

अर्थशास्त्र में, आपूर्ति अर्थ का नियम बताता है कि किसी वस्तु की कीमत का उसकी आपूर्ति के साथ सीधा संबंध है। यदि उत्पाद की कीमत बढ़ती है, तो इसकी आपूर्ति में वृद्धि होगी। इसी तरह, वस्तु की कीमत जितनी कम होगी, उसकी आपूर्ति उतनी ही कम होगी। दूसरे शब्दों में, आपूर्तिकर्ता में बेचे जाने वाले उत्पादों की मात्रा बढ़ाने की प्रवृत्ति होती हैमंडी जब इसकी कीमत अधिक पैसा कमाने के लिए बढ़ जाती है।

अन्य कारकों को अलग रखते हुए, आपूर्ति का नियम कहता है कि किसी वस्तु की आपूर्ति की कीमत और मात्रा के बीच हमेशा सीधा संबंध होता है। मूल रूप से, बाजार में लाए जाने वाले उत्पाद की मात्रा से संबंधित निर्णय निश्चित होता है। वे उत्पाद का निर्माण करते हैं और बाद में तय करते हैं कि उन्हें कितना बेचना है। आपूर्तिकर्ता को यह निर्णय लेना होगा कि क्या उन्हें सभी उत्पादों को बेचना चाहिए या बाद के लिए आइटम को रोकना चाहिए। आपूर्ति का नियम किसके साथ मिलकर काम करता है?मांग का नियम, जो कीमत और मांग की मात्रा से विपरीत रूप से संबंधित है। बाजार में उत्पाद की मौजूदा मांग इसकी कीमत तय करेगी। यदि वस्तु की मांग में वृद्धि होती है, तो आपूर्तिकर्ता कीमतें बढ़ा सकता है और अधिक उत्पाद बाजार में ला सकता है। आपूर्ति का कानून सबसे महत्वपूर्ण अवधारणाओं में से एक हैअर्थशास्त्र. यह उपयोगकर्ताओं को बाजार में वस्तुओं के लिए कीमतें निर्धारित करने के लिए इस्तेमाल की जाने वाली विधियों की पहचान करने में मदद करता है।

आपूर्ति के नियम का उदाहरण इसका उपयोग मूल्य परिवर्तन और उत्पादक व्यवहार पर उनके प्रभावों के बीच संबंध का विश्लेषण करने के लिए भी किया

जाता है। आइए एक उदाहरण के साथ अवधारणा को समझते हैं। एक कंपनी समय के साथ मांग बढ़ने पर बाजार में अधिक सॉफ्टवेयर एप्लिकेशन लाने की कोशिश करती है। इसी तरह, निर्माता अपने समय और संसाधनों को अधिक वीडियो सिस्टम में निवेश नहीं करेगा यदि इसकी मांग कम हो जाती है। दूसरे शब्दों में, एक कंपनी 2000 सॉफ्टवेयर एप्लिकेशन बेच सकती है यदि इसकी कीमत $500 प्रत्येक है। वे इन ऐप्स के उत्पादन और आपूर्ति में वृद्धि कर सकते हैं यदि इसकी कीमत $100 से बढ़ जाती है।

आपूर्ति का नियम सभी वस्तुओं और संपत्तियों पर लागू होता है। न केवल उत्पादों के लिए, बल्कि यह कानून सेवा क्षेत्र पर भी लागू होता है। उदाहरण के लिए, यदि छात्रों को लगता है कि चिकित्सा नौकरियों से उन्हें साहित्य की नौकरियों की तुलना में अधिक वेतन मिल सकता है, तो वे कंप्यूटर इंजीनियरिंग पाठ्यक्रमों का विकल्प चुनेंगे। नतीजतन, चिकित्सा उद्योग में पढ़ाई करने वाले लोगों की आपूर्ति में वृद्धि होगी। जब वस्तु की कीमत में परिवर्तन होता है तो आपूर्ति के नियम का उपयोग विशेष रूप से आपूर्तिकर्ताओं के व्यवहार को निर्धारित करने के लिए किया जाता है। जैसा कि ऊपर उल्लेख किया गया है, आपूर्तिकर्ता के लिए सबसे अच्छा सौदा उत्पाद की आपूर्ति बढ़ाना है जब इसकी कीमत बढ़ जाती है। वे इन उत्पादों की बिक्री से अधिक लाभ कमा सकते हैं। यह ध्यान रखना महत्वपूर्ण है कि आपूर्ति का नियम तभी लागू होता है जब अन्य कारकों को स्थिर माना जाता है। कुछ सामान्य कारक जो आपूर्ति के नियम को प्रभावित कर सकते हैं, वे हैं उत्पादन की लागत, करों, कानून, और बहुत कुछ।

18
क्या शेयर बाजार सट्टा है

शेयर बाजार में खुद की सोच समझ के अनुसार शेयर खरीदने या बेचने पर फायदा या नुकसान होता है। शेयर बाजार सट्टा बाजार नहीं है बल्कि यह बहुत बड़े व्यापार में हिस्सा बनने का अवसर होता है। ऐसे बहुत से लोग हैं जिन्होंने इसे बहुत पहले समझ लिया था और रिलायंस , टाटा , बिरला आदि की कंपनियों के शेयर ख़रीदे थे। उन लोगों को इन कंपनियों का हिस्सा बनने से बहुत अच्छा लाभ हुआ है।

ये नाम कुछ उदाहरण मात्र हैं। ऐसी बहुत सारी कम्पनियाँ हैं जिन्होंने भारत में ही नहीं बल्कि विदेशों तक में अपना व्यापार फैला कर बहुत तरक्की की और उसका फायदा उन सभी शेयर धारकों को मिला जिन्होंने सही अंदाजा लगाकर उन कंपनियों के शेयर ख़रीदे। अतः शेयर में निवेश करना सट्टा बिलकुल नहीं है।

अनुभवी लोगों से सलाह करके अच्छी कंपनी के शेयर खरीद कर रखने से लाभ होने की पूरी सम्भावना होती है। कंपनी की सालाना रिपोर्ट और शेयर की कीमत को भी देखते रहना चाहिए ताकि वांछित लाभ नहीं होने पर बदलाव करके किसी अन्य कंपनी के शेयर खरीद सकें।

जरुरी नहीं कि अनुभवी लोगों द्वारा शुरू किया गया हर व्यापार सफल ही होगा या इन कंपनियों के शेयर खरीदने से सिर्फ लाभ ही होगा। रिलायंस पावर इसका एक उदाहरण है। इस कंपनी के शेयर लोगों ने बिना उस व्यापार को समझे महंगे दाम पर खरीद लिए और इसलिए बाद में उन्हें नुकसान हुआ । अतः सावधानी के साथ अनुभवी लोगों के सलाह लेकर निवेश करना चाहिए।

कुछ लोग चाहते हैं कि जिस दिन वो शेयर खरीदें , उसी दिन उसे बेचकर तुरंत लाभ भी कमा लें। ऐसा करने में बहुत ज्यादा जोखिम होता है। शेयर मार्केट में नुकसान होने का यह बहुत बड़ा कारण बनता है। इसी प्रकार के अनुभव को जानकर कुछ लोग शेयर मार्केट से दूरी बना लेते हैं। अच्छी कंपनी में लम्बे समय तक किये गए निवेश से लाभ होने की संभावना अधिक होती है।

19

व्यापार चक्र

कोई भी बाजार कुछ आर्थिक सिद्धांतों के आधार पर बढ़ता है। इस संदर्भ में सबसे महत्वपूर्ण सिद्धांतों में से एक 'व्यापार चक्र' है, जिसे इकोनॉमिक साइकल या ट्रेड साइकल के रूप में भी जाना जाता है। ये चक्र लहर की तरह के पैटर्न हैं जो दीर्घकालिक विकास की प्रवृत्ति पर बनते हैं। जैसा कि नाम से ही स्पष्ट है कि बाजार के आगे बढ़ने के साथ-साथ उनमें एक उछाल और गिरावट (मंदी) आती है। संक्षेप में, एक व्यापार चक्र की लंबाई एक उछाल और मंदी से लिया गया समय है।

सच कहा जाए, तो बाजार में इस तरह के उछाल और उतार-चढ़ाव काफी हैं और ये तकनीकी मंदी के बिना भी एक दिन, सप्ताह या महीने में हो सकते हैं। दूसरी ओर मंदी, दीर्घकालिक विकास प्रक्षेपवक्र की उपोत्पाद है, जिसकी अर्थव्यवस्था में आमतौर पर कम से कम दो तिमाहियों (प्रत्येक तीन महीने) के लिए गिरावट आती है।

आइए अब जानते हैं कि एक बुल और बियर मार्केट क्या है

बुल मार्केट: बुल मार्केट वह स्थिति है जिसमें वित्तीय बाजार बढ़ रहा है या फिर निकट भविष्य में ऐसा होने की उम्मीद है। 'बुल' वास्तविक दुनिया के बैल से लिया गया है, जो आमतौर पर ऊपर की दिशा में हमला करता है। यह या तो बेसलाइन पर शुरू होता है (आर्थिक गतिविधि की शुरुआत के दौरान) या फिर चक्र के नीचे। बाजार मजबूत होने पर बुल मार्केट सामने आता है और आगे की संभावनाएं बहुत ही आकर्षक होती हैं। यह निवेशकों के विश्वास को मजबूत करता है, जिसमें अधिक लोग खरीदना चाहते हैं और कम लोग बेचना चाहते हैं।

बियर मार्केट: बियर मार्केट, बुल मार्केट के बिल्कुल विपरीत है। इस मामले में वित्तीय बाजार स्टॉक की कीमतों में गिरावट के साथ सुधार का अनुभव करता है और निकट अवधि में गिरने की उम्मीद करता है। बहुत कुछ 'बुल' की तरह, बियर मार्केट का 'बियर' भी वास्तविक दुनिया के भालू से लिया गया है, जो आमतौर पर नीचे की दिशा में हिट करता है। जब बाजार में संतृप्ति हो जाती है तो भालू का बाजार बढ़ जाता है क्योंकि बाजार संतृप्त हो जाता है (आपूर्ति मांग से अधिक हो जाती है)। यह आम तौर पर बुल-रन की ऊंचाई पर होता है और गर्त बनने तक जारी रहता है।

इस समय, अधिक लोग खरीदने के बजाय स्टॉक बेचने में रुचि रखते हैं और निवेशकों का विश्वास कमजोर है। एक हालिया उदाहरण पिछले साल की महामारी का हो सकता है, जिसमें अधिकांश निवेशक बाजार से बाहर निकलना चाहते थे क्योंकि किसी को नहीं पता था कि महामारी कैसे निकलकर सामने आएगी। आपको बुल और बियर मार्केट की एक मजबूत समझ विकसित करनी चाहिए और दिन, सप्ताह, महीने या वक्त वक्त पर इनके बारे में पढ़ना चाहिए। ऐसा करने का एक अच्छा विचार प्रासंगिक पुस्तकों का अध्ययन करना भी है जो इस तरह की अवधारणाओं में तल्लीन हैं। यदि आप ट्रेडिंग की कला सीखते हैं, तो आप बुल-रन के दौरान अपने रिटर्न को अधिकतम करते हुए एक मंदी के बाजार में भी मुनाफा कमा सकते हैं।

20
निवेश के नियम

यदि आपको अमीर बनना है तो अपने पैसों को निवेश करते रहना होगा क्योंकि सही जगह पर छोटा-छोटा निवेश भी एक दिन बहुत बड़ी पूंजी तैयार कर देता है।

निवेश करना बहुत अच्छी आदत होती है इसलिए आप चाहे कम कमाते हो या ज्यादा कमाते हो अपनी कमाई का कुछ ना कुछ हिस्सा कहीं ना कहीं जरूर निवेश करते रहें।

1 – शेयर मार्केट में उतना ही पैसा लगाना है जिसके खोने का गम न हो

आप चाहे जितना भी अमीर हो तब भी आपको शेयर बाजार में उतना ही पैसा लगाना है जिसके डूबने का कोई गम ना हो।

आपके पास जो भी पैसा है वह आपने काफी मेहनत से अपने परिवार और बच्चों की सुख-सुविधाओं के लिए कमाया है यदि आप यह सारा पैसा शेयर मार्केट में लगा देंगे तो आपका परिवार संकट में आ सकता है।

आप चाहे नए निवेशक है या पुराने लेकिन शेयर बाजार में पैसा लगाने से पहले इस बात का जरूर ध्यान रखें कि यहां आपको वही पैसा लगाना है जिसके खोने या डूबने का आपको बहुत ज्यादा गम न हो और न ही इसका कोई असर आपके परिवार पर पड़े।

2 – लोन लेकर कभी शेयर बाजार में निवेश न करें

मैंने व्यक्तिगत तौर पर भी देखा है कि बहुत से लोग ऐसे हैं जो बिजनेस लोन या पर्सनल लोन लेकर उस पैसे को शेयर मार्केट में लगा देते हैं जो कि बहुत ही गलत है।

आप शेयर बाजार के कितने भी बड़े खिलाड़ी हो लेकिन आपको इतना जरूर पता होना चाहिए कि यहां 100 प्रतिशत सुरक्षित कुछ भी नही होता है।

इस बाजार में कोई भी ट्रेड लेने पर जितना प्रॉफिट होने की संभावना होती है उतना ही नुकसान होने की भी संभावना रहती है।

इसीलिए पहले ही बता दिया गया है कि शेयर बाजार में वही पैसा लगाना है जिसके खोने पर बहुत ज्यादा दर्द न हो और न ही नियमित दिनचर्या पर कोई असर हो।

3 – एक ही स्टॉक और एक ही सेक्टर में सारा पैसा न लगाएं

शेयर बाजार में जब भी निवेश करे तो कभी भी एक ही स्टॉक और एक ही सेक्टर में पैसा मत लगाएं।

उदाहरण के तौर पर यदि आप बैंकिंग सेक्टर में पैसा लगा रहे हैं तो 5-6 बैंकों में ही सारा पैसा ना लगाएं अथवा फार्मा सेक्टर में पैसे लगा रहे हैं तो सिर्फ फार्मा से संबंधित कंपनियों में ही सारा पैसा मत लगाएं।

बल्कि ऐसा कर सकते हैं कि 1-2 बैंकों में पैसा लगाएं साथ ही साथ 1-2 फार्मा कंपनियों में भी पैसा लगाएं इसके अलावा भी अपनी वित्तीय पोजीशन के हिसाब से अलग-अलग सेक्टर की 1-2 अच्छी कंपनियों में निवेश करें।

अलग-अलग कंपनियों और अलग सेक्टरों में निवेश करने का लाभ यह होता है कि यदि किसी 1-2 सेक्टर के शेयरों के दाम गिर रहे होंगे तो कुछ सेक्टर ऐसे भी होंगे जिनके शेयर के दाम बढ़ गए होंगे।

शेयर बाजार में कभी भी सारे सेक्टरों के दाम ना एक साथ बढ़ते हैं और ना ही एक साथ गिरते हैं बल्कि कोई सेक्टर बढ़ता है तो कोई घटता है।

अलग-अलग सेक्टरों में अपना पैसा लगाने का फायदा यह होता है कि यदि कुछ सेक्टर घाटे में चल रहे होंगे तो कुछ सेक्टर के शेयर फायदे में भी चल रहे होंगे जिससे आपको एक साथ कोई बड़ा घाटा नहीं उठाना पड़ेगा।

4 – निवेश की शुरुआत जल्दी से जल्दी करना चाहिए

दोस्तों निवेश से संबंधित एक बहुत ही महत्वपूर्ण तथ्य यह है कि जितनी जल्दी हो सके उतनी जल्दी ही निवेश की शुरुआत कर दे। आप जितनी कम उम्र में निवेश की शुरुआत करेंगे भविष्य में उतना ही अच्छा रिटर्न प्राप्त करेंगे।

जैसे कि कोई व्यक्ति 20 वर्ष की उम्र में निवेश की शुरुआत कर देता है और दूसरा व्यक्ति 50 वर्ष की उम्र में निवेश की शुरुआत करता है तो आप समझ सकते हैं कि किसे ज्यादा लाभ प्राप्त होगा।

जिसने 20 वर्ष की आयु में निवेश की शुरुआत कर दी होगी तो जब वह 40-45 वर्ष का होगा तो उसे अच्छा खासा धन प्राप्त होगा और यही वह अवस्था होती है जब इंसान को अधिक पैसे की आवश्यकता भी होती है क्योंकि इसी अवस्था में

पारिवारिक और सामाजिक जिम्मेदारियां अधिक होती हैं।

वहीं यदि कोई व्यक्ति 50 वर्ष की आयु में निवेश की शुरुआत करता है तो हो सकता है कि वह ठीक से निवेश कर ही ना पाए क्योंकि जीवन की इस अवस्था में सबसे अधिक खर्चे होते हैं ऐसे में बचत कर पाना भी मुश्किल होता है और यदि निवेश कर भी लेते हैं तो बहुत अधिक समय तक निवेश में बने रहने मे भी समस्या आती है कोई न कोई आवश्यकता ऐसी आती रहती है जिसकी वजह से अपना निवेश बीच में ही समाप्त करना पड़ जाता है ।

इसलिए यदि किसी को भविष्य में धनवान बनना है तो निवेश की शुरुआत भी बहुत जल्दी और कम उम्र से ही करनी चाहिए।

5 – एक बार शेयर बेचने के बाद कोई पछतावा न करें

बहुत से निवेशक होते हैं जो कि अपना निश्चित प्रॉफिट मिल जाने के बाद शेयर बेच तो देते हैं लेकिन फिर भी उस शेयर के भाव को रोज देखते रहते हैं यदि आगे भी उसका भाव बढ़ रहा होता है तो पछतावा करते रहते हैं कि काश इस शेयर को पहले ना बेचा होता तो आज और ज्यादा प्रॉफिट बन रहा होता।

यह आदत भी बहुत ही गलत होती है आपने कोई शेयर खरीदा और प्रॉफिट लेकर बेच दिया तो उसके मूल्य को बार-बार चेक मत करें आगे वह कितना घटता है या बढ़ता है इसकी चिंता छोड़ कर आगे निवेश करने के लिए कोई दूसरा शेयर ढूंढे।

जिस शेयर को प्रॉफिट लेकर आपने बेच दिया है भूल कर भी उसी शेयर में फिर दोबारा निवेश मत करें यदि करें भी तो बहुत ही छोटा निवेश करें।

6 – दूसरों के बहकावे में आकर कभी भी निवेश मत करें

कभी आपका ब्रोकर आपको कहेगा कि फला शेयर में निवेश कर लीजिए कभी टीवी और न्यूज़पेपर वाले चिल्ला-चिल्ला कर आपको बताएंगे कि यह स्टॉक भागने वाला है जल्दी से निवेश करें बहुत बड़ा प्रॉफिट बन जाएगा।

इसी प्रकार तमाम टिप्स देने वाले लोग भी दिन भर आपके पास फोन करेंगे कि आप इस स्टॉक में निवेश करें बहुत मोटा मुनाफा होगा।

लेकिन इस तरह के झांसे और लालच में आकर आप कभी भी आंख बंद करके अपने पैसे मत निवेश करें आप खुद ही सोचें कि यदि किसी ने कुछ ऐसे शेयर की पहचान कर ली है जो भविष्य में बहुत ज्यादा बढ़ने वाले हैं तो वह आपको क्यों बताएगा वह खुद ही अपना ढेर सारा पैसा लगाकर बड़ा लाभ कमाएगा।

आप जब भी शेयर बाजार में निवेश करें तो यह ध्यान जरूर रखें कि वह शेयर और उस कंपनी के बारे में अपनी तरफ से पूरी रिसर्च और जानकारी प्राप्त कर ले

जब आप पूरी तरह से संतुष्ट हो जाए तभी निवेश करें।

याद रहे पैसा आपका है और निवेश में जो भी लाभ या हानि होगी वह भी सिर्फ आपको ही झेलना है इसलिए बहुत जल्दबाजी में कभी भी निवेश ना करें।

7 – स्टॉपलॉस का कड़ाई से पालन करें

सबसे अच्छा तरीका यह है कि जब भी आप कोई शेयर खरीदते हैं उसी वक्त अपना प्रॉफिट और लॉस भी तय कर ले और stop-loss लगा ले वैसे देखा गया है कि स्टॉप लोस्स तो सभी निवेशक लगाते हैं परंतु उसका पालन नहीं करते बल्कि बार-बार उसे बदलते रहते हैं क्योंकि वह उस शेयर के बारे में भावनात्मक रूप से सोचने लगते हैं शेयर बाजार में नुकसान होने का यह भी एक बहुत बड़ा कारण होता है।

दोस्तों शेयर बाजार से कभी भावनात्मक रूप से ना जुड़े आपने जो प्रॉफिट या लॉस सोच रखा है उसी का सख्ती से पालन करें यदि कभी नुकसान होता है तो उसके बारे में ज्यादा चिंतित मत हो क्योंकि लाभ या हानि तो शेयर बाजार का हिस्सा है।

8 – शेयर बाजार मे कोई भी निवेश 100 प्रतिशत सुरक्षित नही होता है

शेयर बाजार में कोई भी निवेश कभी भी 100% सुरक्षित नहीं होता है इसलिए शेयर बाजार को हमेशा रिस्की माना जाता है।

शेयर बाजार में निवेश करने पर ऊपर बताए गए 7 गोल्डन नियमों का पालन करके अपने निवेश को अधिक से अधिक सुरक्षित बनाने का प्रयास किया जा सकता है।

शेयर बाजार में निवेश करने पर डर और लालच की हमारी भावनाएं भी काफी सक्रिय रहती है इनसे बचने के लिए हमेशा सिर्फ अपने ट्रेडिंग नियम का पालन करें जब जो लक्ष्य रखा है प्रॉफिट या लॉस होने का तो अपने लक्ष्य का पालन करें प्रॉफिट का लक्ष्य मिल जाने पर और प्रॉफिट आ सकता है इसका इंतजार मत करें या फिर लॉस होने पर इस उम्मीद पर अपना स्टॉप लोस्स बार-बार मत बदले कि हो सकता है कि अब बढ़ेगा या तब बढ़ेगा।

21

निवेश के कोट्स

“शेयर मार्केट शादी की लड्डू की तरह होता है, जो इसमें पैसा लगाता है वो भी पछताता है और जो नहीं लगाता वो भी पछताता है।”

"शेयर मार्केट में निवेश करते समय हम ऐसे लोगो से मिलते है जिन्होंने शेयर मार्केट में पैसा लगाकर अच्छा लाभ पाया है, जो लोग नुकसान उठाते है वो अक्सर किसी से कहते ही नहीं है।”

“कुछ पाने के इंतजार में सब कुछ खो देते है, इस स्टॉक मार्किट में शेर भी रो देते है।”

“शेयर बाजार में हमेशा लम्बें समय के लिए शेयर खरीदें और अन्य दुसरे लुभावने विकल्प से बचे।”

“निवेश करते समय निवेशक का खुद पर भरोसा होना बहुत जरुरी है।”

“स्टॉक मार्किट में पैसा लगाने से पहले जोखिम उठाना सीखें, क्योंकि यह बाजार जोखिमों से भरा हुआ है।

“शेयर बाजार में धीरे-धीरे निवेश करने वाला, सूझ-बूझ से निवेश करने वाला ही पैसा कमाता है।”

“शेयर बाजार कहता है, ‘इंतेजार मत करो, सही समय कभी नही आता’ और यहा ‘गो विथ ट्रेंड’ मानसिकता से काम होता है, जिन्हे जोखीम भरे निवेश पसंद है यह खेल उन्ही खिलाडीयो का है, सिधी सी बात है।”

“बाजार के उतार-चढ़ाव को अपना मित्र समझिये, दूसरो की मूर्खता से लाभ उठाइये, उसका हिस्सा मत बनिये।”

“केवल वही खरीदिये जिसे आप ख़ुशी के साथ अगले दस सालों तक होल्ड कर सकें।”

दुसरो की गलतियो से जहा तक हो सके आपको सीख लेकर और लाभ उठाकर आगे बढना होता है, ना के उनके तरह खुद को गलती का हिस्सा बनाये, ऐसी अहम चीजे आपको हरदम याद रखना है।

“इंतजार मत करों, सही समय कभी नहीं आता है।”

"कभी शेयर बाजार में दुसरो के कहने पर निवेश ना करे, बल्कि खुद सीखे की शेयर बाजार में निवेश कैसे करते है।"

"ऐसी कंपनी का शेयर खरीदें जिसने लगातार कई सालों तक संतुलित लाभ दर्ज किया हो।"

"शेयर बाजार में जो हारता है वही जीत का नया रास्ता जानता है। क्योकि जीत हार के अनुभव से आती है।"

"शेयर बाजार में यदि आप उन कंपनी में निवेश करके अपनी बढ़त हासिल करना चाहते है जिन्हे आप पहले से जानते है तो आप विशेषज्ञों से बेहतर कर सकते है।"

"समय अच्छी कम्पनियो का मित्र है और औसतः कम्पनियो का दुश्मन।"

"शेयर बाजार में हमेशा लम्बें समय के लिए शेयर खरीदें और अन्य दुसरे लुभावने विकल्प से बचे।"

"जोखिम तब होता है जब आपको पता नहीं होता है कि आप क्या कर रहे है।"

"निवेश करते समय आपको अपने आप पर सबसे ज्यादा भरोसा होना चाहीए।"

"यदि आप ऐसी चीजों को खरीदतें है, जिनकी आपको जरूरत नहीं है तो शीघ्र ही आपको उन चीजों को बेचना पड़ेगा जिनकी आपको जरूरत है।"

"स्टॉक मार्किट देता है छप्पर फाड़ के और लेता है थप्पड़ मार के।"

"स्टॉक मार्किट में पैसा लगाने से पहले जोखिम उठाना सीखें. क्योंकि यह बाजार जोखिमों से भरा हुआ है।"

"कभी भी एकल आय पर निर्भर न रहे। आय के दूसरे स्रोत बनाने के लिए निवेश करें।"

"यदि आप तनाव लेना पसंद नहीं करते है तो मैं आपको यही सझाव दूँगा कि शेयर बाजार में पैसा न लगायें।"

"शेयर बाजार में 95% छोटे निवेशक अपना पैसा गंवाते है तब 5% बड़े निवेशक कमाते है।"

"सभी लोग सफलता के सपने देखते है। लेकिन कुछ लोग जागते है और कड़ी मेहनत करते है"

www.ingramcontent.com/pod-product-compliance
Lightning Source LLC
LaVergne TN
LVHW010435070526
838199LV00066B/6033
* 9 7 9 8 8 8 7 4 9 1 0 1 1 *